Françoise Guillot / Helga Baureis

Yin und Yang in Harmonie
Praktische Methoden
zur Stärkung
der zwölf Hauptmeridiane

FRANÇOISE GUILLOT
HELGA BAUREIS

YIN UND YANG
IN HARMONIE

PRAKTISCHE METHODEN
ZUR STÄRKUNG
DER ZWÖLF HAUPTMERIDIANE

AURUM

Fotografien von Irinel Stegaru
Umschlaggestaltung: Jutta Kümpfel
Titelfoto: Irinel Stegaru

Die Deutsche Bibliothek - CIP-Einheitsaufnahme

Guillot, Françoise
Yin und Yang in Harmonie:
praktische Methoden zur Stärkung der zwölf Hauptmeridiane
Françoise Guillot / Helga Baureis
(Fotografien von Irinel Stegaru)
Braunschweig
Aurum 1999
ISBN 3-591-08426-3

1999
ISBN 3-591-08426-3
© Aurum Verlag GmbH, Braunschweig
Gesamtherstellung: Westermann Druck Zwickau GmbH

INHALT

EINLEITUNG

1. TEIL
URSPRUNG

2. TEIL
DIE ZWÖLF HAUPTMERIDIANE

3. TEIL
KINESIOLOGIE

WICHTIGER HINWEIS

Die in diesem Buch vorgestellten Übungen dienen der Selbsthilfe. Sie sind wirksam, leicht durchführbar und für jeden geeignet. Sollten Sie jedoch ernsthafte Gesundheitsprobleme haben, gleich ob physischen oder psychischen Ursprungs, empfehlen wir Ihnen dringend, sich in fachliche Behandlung zu begeben.

EINLEITUNG

In der westlichen Welt gewinnt die Traditionelle Chinesische Medizin, auch kurz TCM genannt, immer mehr an Bedeutung: Akupunktur, Qi-Gong, asiatische Massagen wie Tuina, Anmo oder Shiatsu, Kräuteranwendungen und Diätetik haben sich als wertvolle, oftmals sogar als die besseren therapeutischen Alternativen durchgesetzt. Auf jeden Fall stehen sie mittlerweile gleichwertig neben den traditionellen westlichen Naturheilmethoden.

Obwohl zumindest der Begriff Akupunktur den meisten westlichen Menschen vertraut ist, bleibt die Wirkungsweise dieser und aller anderen genannten Methoden irgendwie sehr geheimnisvoll. Das liegt sicher daran, daß die Konzepte der Traditionellen Chinesischen Medizin – wie übrigens aller fernöstlichen Heilweisen – kaum etwas mit unserem Verständnis von Gesundheit und Krankheit und unserer Sicht des Menschen, der Natur, überhaupt des ganzen Universums zu tun haben. Man kann sogar sagen, daß sie uns vollkommen fremd sind.

Die moderne westliche Medizin beruht auf einer materialistischen Denkweise. Das heißt, daß der Ursprung einer Krankheit – mit Ausnahme der sogenannten psychosomatischen Leiden – im Materiellen gesucht wird, nämlich in der Materie des Körpers. Dieses Verständnis von Krankheit führt zu einer symptomatischen Behandlungsweise: Behandelt werden die kranken, nicht mehr funktionierenden Teile des Organismus (der Maschine Körper).

Nach Auffassung der Traditionellen Chinesischen Medizin besteht der Mensch nicht nur aus Fleisch, Blut und Knochen, sondern auch aus feinstofflichen Energien, die die Materie des Körpers am Leben erhalten. Eigentlich ist die Materie selbst Energie und der ganze Kosmos besteht aus unterschiedlichen Schwingungen, wie die moderne Physik in der Zwischenzeit auch belegen kann. Die Natur ist weit mehr als das, was wir mit unseren fünf Sinnen wahrnehmen können. Die Meridiane, die unseren Körper mit Lebenskraft versorgen, gehören zu diesen, mit den gewöhnlichen Sinnen nicht wahrnehmbaren feinstofflichen Phänomenen.

Anliegen dieses Buches ist es, das Meridiansystem und seine kör-
perlich-geistigen Entsprechungen sowie die praktische Anwendung
der daraus gewonnenen Erkenntnisse einem breiteren Publikum zugänglich zu machen.

1. TEIL

URSPRUNG

„Das Namenlose ist der Anfang von Himmel und Erde.
Das Benannte ist die Mutter der zehntausend Dinge."
Lao Tse, Tao Te King

YIN UND YANG

„Wenn die ganze Welt Schönes als schön erkennt,
entsteht das Häßliche.
Wenn die ganze Welt Gutes als gut erkennt,
entsteht das Böse.
Sein und Nicht-Sein erschaffen einander.
Schwierig und einfach ergänzen einander.
Lang und kurz heben sich voneinander ab;
Hoch und tief ruhen aufeinander;
Stimme und Klang schwingen miteinander;
Vorne und hinten folgen einander."

Lao Tse

Yin   *Yang*

„Wenn das „Große Unbedingte" zu wirken beginnt, nehmen die beiden materiellen Kräfte Yin und Yang physische Gestalt an, und die unzähligen Erscheinungsformen werden erzeugt. Sowohl die Menschen als auch die Dinge haben hier ihren Ursprung. In dieser Hinsicht sind sie ähnlich. Aber die beiden ursprünglichen materiellen Kräfte und die fünf Elemente, indem sie verschmelzen und sich vermischen, in ihrem Zusammenspiel und gegenseitiger Beeinflussung, bringen unzählige Verwandlungen und Ungleichheiten hervor. In dieser Hinsicht sind sie verschieden.

Nur wenn das Yin und das Yang in Harmonie sind, kann ein Mensch die Eigenschaften der Ausgeglichenheit und Geradheit haben und ein Weiser werden. Bei einem Weisen ist das Wasser klar und sauber, und die Perle schimmert in all ihrer Lieblichkeit. Bei den meisten Menschen ist das Wasser aufgewühlt und schmutzig, und die Perle kann kaum erkannt werden."

Chu Hsi

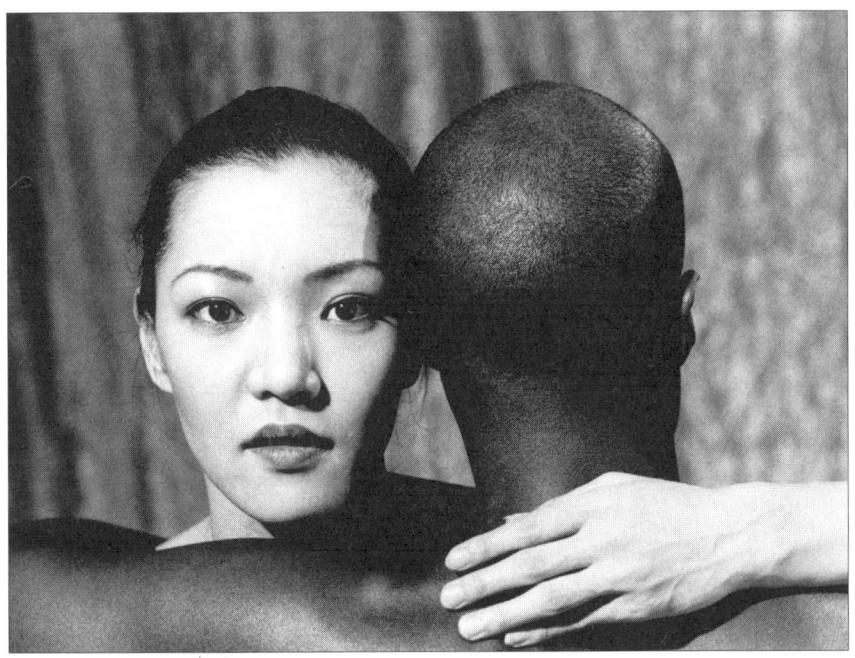

Der Taoismus definiert die Welt der Erscheinungen, die Natur, über die zwei polaren Kräfte Yin und Yang, die aus dem Urprinzip, dem „Wu-chi" (der Leerheit), entstanden sind beziehungsweise immer wieder entstehen. Es handelt sich dabei eher um zwei Aspekte eines Prinzips als um zwei scharf voneinander getrennte, widerstreitende Kräfte. Das Bild des Berges, der auf seiner südlichen Seite von der Sonne beschienen wird (Yang), während die nördliche Seite dunkel bleibt (Yin), zeigt dies auf sehr anschauliche Weise. Beide Aspekte ergänzen einander in perfekter Weise und bedingen sich sogar gegenseitig, „denn nur durch den Vergleich mit seinem Gegenteil kann etwas begrifflich bestimmt werden". Sie müssen immerwährend das Gleichgewicht miteinander anstreben, sich vermischen und verbinden, damit Leben überhaupt möglich wird. Dem Tag folgt die Nacht, dem Einatmen das Ausatmen – das ist der Rhythmus des Lebens! Kann man sich den Tag ohne die Nacht vorstellen oder eine Atmung, die nur aus Luftholen besteht? Alle Dinge und Wesen im Universum kann man mehr oder weniger dem Yin- oder dem Yang-Prinzip zuordnen.

Yin	Yang
Erde	Himmel
Mond	Sonne
passiv, empfangend	aktiv, zeugend
weiblich	männlich
zerstreuend, trennend	zusammenführend, bindend
zentrifugal	zentripetal
Ausdehnung	Zusammenziehung
kalt, kühl	heiß, warm
Nacht	Tag
unten, aufsteigend	oben, absteigend

Bezogen auf die Elemente:

Metall: kleines Yin	Holz: kleines Yang
Wasser: großes Yin	Feuer: großes Yang

Bezogen auf den Körper:

Speicherorgane	Hohlorgane
Bauch, „weiche" Innenseite der Gliedmaßen	Rücken, „harte" Außenseite der Gliedmaßen
Venen	Arterien
Blut	Energie
Parasympathikus	Sympathikus
sensible Nerven	motorische Nerven
Entspannung	Spannung

Bleibt zu erklären, nach welchen Kriterien beurteilt wird, was Yang und was Yin sein soll. Ausgehend von einem Urprinzip (zum Beispiel durch den regelmäßigen Wechsel zwischen Tag und Nacht, Licht, Dunkelheit) werden den zwei polaren Kräften mittels Assoziationen und durch gründliche Beobachtung natürlicher und kosmischer Phänomene Entsprechungen zugeordnet. Dabei gibt es verwirrende Unterschiede zwischen der Traditionellen Chinesischen Medizin und beispielsweise der Makrobiotik, einem von Japanern gegründeten gesundheitlichen und philosophischen System. Was die einen für Yin halten, wird von den anderen als Yang bezeichnet und umgekehrt.

Schauen wir uns an einem Beispiel an, worin diese Unterschiede bestehen und welcher Art sie sind. Zucker gilt in der chinesischen Diätetik als Yang, während er für Makrobioten zu den Yin-Nahrungsmitteln gehört. Die Traditionelle Chinesische Medizin ordnet Yin- und Yang-Eigenschaften nach dem energetischen Prinzip ein, die Makrobiotik hingegen nach physikalischen Gesichtspunkten. Zucker erzeugt viel „Aktivität" im Körper. Wenn wir Zucker gegessen haben, fühlen wir uns zunächst voll Tatendrang. Die Wirkung des Zuckers ist also Yang. Der Geschmack von Zucker ist aber süß – eine eindeutige Yin-Eigenschaft. Man könnte auch sagen, daß das Wesen von Zucker Yin ist.

Die Übergänge zwischen Yin und Yang sind fließend. Wie aus dem allgemein bekannten Yin-Yang-Zeichen hervorgeht, ist im Yang ein Kern Yin und im Yin ein Kern Yang enthalten. Zum Beispiel haben Frauen nicht nur weibliche Eigenschaften und Wesensmerkmale, sondern auch männliche, und jeder Mann hat auch ein paar weibliche Eigenschaften.

Auch dort, wo die Yang-Kraft am stärksten ist, verwandelt sie sich in Yin-Kraft und umgekehrt. Das Yin-Yang-Zeichen sollte man sich als bewegliches, dynamisches Bild vorstellen, wie ein Rad, das sich fortwährend dreht.

DIE FÜNF ELEMENTE

Was in der Traditionellen Chinesischen Medizin als „Fünf-Elemente-Lehre" bezeichnet wird, könnte man als spannendes Modell betrachten, die Schöpfung in fünf Grundqualitäten oder fünf Hauptkräfte aufzuteilen. Ein solches Modell gibt es auch in der westlichen mystischen Tradition, und auch die moderne Physik bedient sich der Lehre von den Elementen, um die materielle Welt zu beschreiben.

Die fünf Elemente der östlichen Tradition unterscheiden sich allerdings etwas von denen, die uns vertraut sind. Zu den auch uns geläufigen Elementen Erde, Wasser und Feuer kommen noch die uns fremd erscheinenden Elemente Metall und Holz. Menschen lieben Konzepte, sind aber auch leicht „aus dem Konzept zu bringen" beziehungsweise sind irritiert, wenn sie mit fremden Konzepten konfrontiert werden, die ihre gewohnte Denkweise durcheinanderbringen oder gar über den Haufen werfen. Wenn wir die Prinzipien der Traditionellen Chinesischen Medizin annähernd begreifen wollen, sollten wir ver-

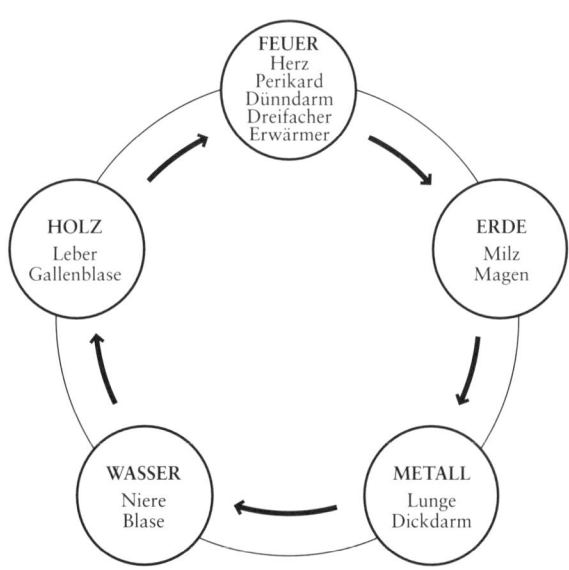

Ernährender Kreislauf

16

suchen, uns von alten Denkmustern zu befreien und uns die Natur durch eine ganz andere Betrachtungsweise neu zu erschließen.

Die fünf Elemente Metall, Wasser, Holz, Feuer und Erde werden auch Wandlungsphasen genannt, ein Begriff, der den Charakter dieser Kräfte sehr gut umschreibt. Die Wandlungsfähigkeit und die Vergänglichkeit aller Dinge im Universum ist eine der wichtigsten Grundwahrheiten in den philosophischen Lehren des Taoismus und Buddhismus. Verschiedene Zyklen oder Kreisläufe zeigen die Wechselwirkungen der Wandlungsphasen untereinander.

Der ernährende Kreislauf beschreibt, wie aus Holz Feuer, aus Feuer Erde (das Bild von Magma und vulkanischer Asche drängt sich hier auf), aus Erde Metall (Erze und Mineralien), aus Metall Wasser und aus Wasser wiederum Holz wird.

Zu erwähnen sind noch der Erschöpfungskreislauf, der Kontrollkreislauf und der Auflehnungskreislauf. Diese unterschiedlichen Darstellungen von Beziehungen zwischen den Elementen sind in der Diagnose von großer Bedeutung. Nehmen wir ein sehr einfaches Beispiel: Holz kann die Kraft von Wasser vermindern. Holz braucht Wasser, um zu wachsen, und es kann die zur Verfügung stehenden Wasser-

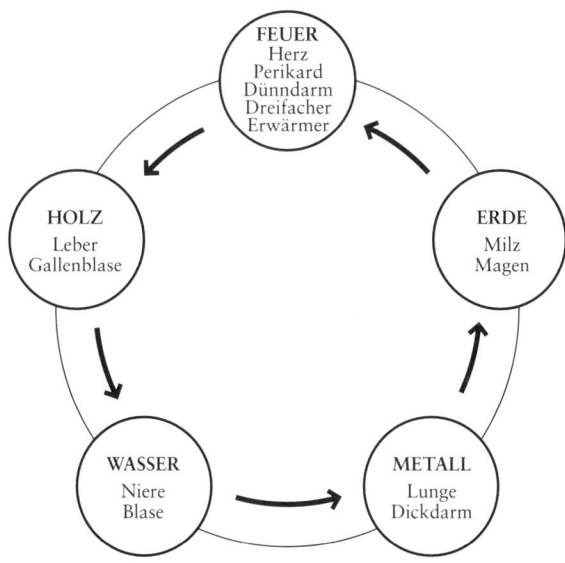

Erschöpfungskreislauf

17

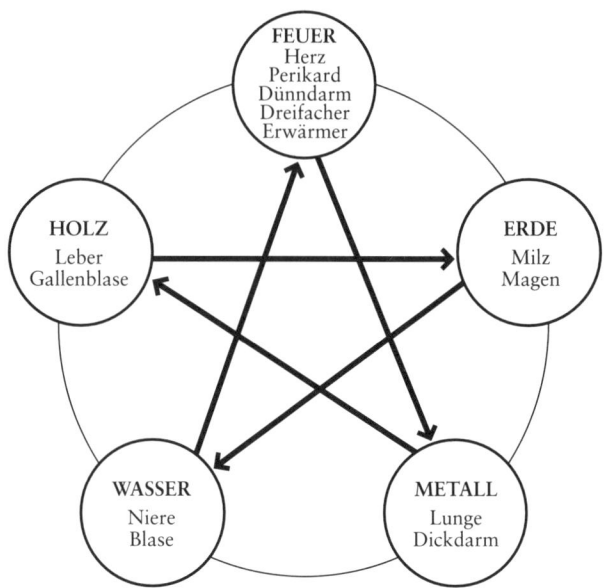

Kontrollkreislauf

vorräte erschöpfen, wenn diese nicht ergänzt werden können. Anders ausgedrückt (und hier greife ich ein wenig vor und verwende Entsprechungen, die später im Buch aufgezählt und erklärt werden), wenn ich zuviel plane, organisiere und zu viele Aufgaben übernehme, erschöpfe ich meine Grundenergie, mein Arbeitspotential, vor allem dann, wenn ich jeden Abend zu spät ins Bett gehe beziehungsweise immer zu wenig Schlaf bekomme.

Der Kontrollkreislauf ist genauso einfach zu erklären. Das Holz „kontrolliert" die Erde. Es gibt der Erde mit seinen Wurzeln Halt, kann sie aber auch überwuchern. Das Wasser hält das Feuer in Schach, kann es aber auch löschen, und so weiter.

Beim Auflehnungskreislauf haben wir wieder eine Situation, die häufig zu gesundheitlichen Störungen führt. Ein zu großer Ehrgeiz beziehungsweise eine zu starke Fixierung auf bestimmte Ziele, verbunden mit einem entsprechend unausgewogenen Einsatz von Energie (Element Wasser) schadet dem Magen und der Bauchspeicheldrüse (Element Erde).

In unseren Breitengrade lassen sich die Wandlungsphasen sehr gut anhand der jahreszeitlichen Veränderungen in der Natur darstellen.

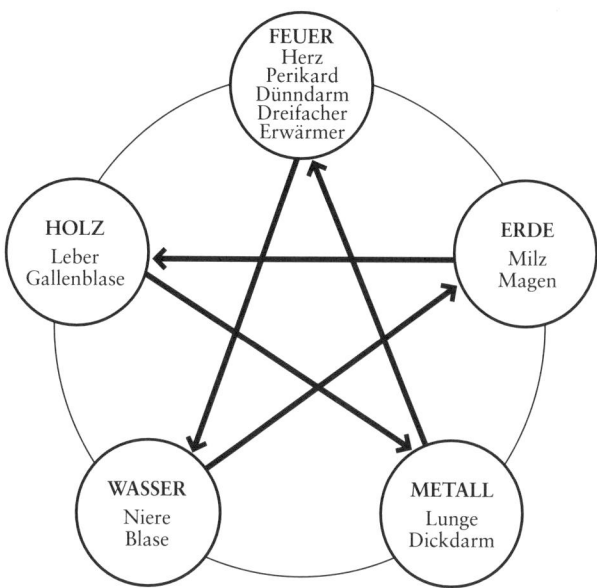

Auflehnungskreislauf

Der Frühling entspricht dem Element Holz. Es ist die Zeit des Neubeginns, des kraftvollen Wachstums, zukunftsorientiert und voller Pläne, eine sehr „aktive", arbeitsame und kreative Zeit. Im Frühling wird „Großputz" gemacht, es wird gründlich „aufgeräumt" und entgiftet, was auf die Funktionen von Leber und Gallenblase hinweist, Organe, die beide dem Element Holz zugeordnet werden.

Die Hitze des Sommers entspricht dem Element Feuer. Der Sommer ist eine Zeit des Heranreifens, eine Zeit, in der Spiel, Spaß, Freude und auch Erotik einen dominanten Platz einnehmen.

Der Altweibersommer bringt das Element Erde zum Ausdruck. Es ist die Zeit der reifen Früchte, der genußvollen Nahrungsaufnahme, eine Zeit der Geborgenheit und Sicherheit, weil alles, was wir zum Überleben brauchen, in Hülle und Fülle vorhanden ist.

Mit dem Herbst kommt das Element Metall ins Spiel, denn zu dieser Zeit ändert die Lebensenergie ihre Bewegungsrichtung. Während sie im Frühling eher nach außen gerichtet und voller Tatendrang war, in der Hitze des Sommers verlangsamt und im Altweibersommer in sich ruhend, wendet sich das Qi nun nach innen, eher seelisch-geistigen Bereichen zu. In der Natur sammeln die Lebewesen Proviant für

19

den Winter, und es wird allgemein gut vorgesorgt, denn eine ausreichende Absicherung ist wichtig, wenn das Leben, die Essenz des Lebendigen, über den kalten Winter gerettet werden soll. Gleichzeitig zieht sich die Kraft immer mehr nach innen zurück, und die körperliche Aktivität nimmt ab. An ihre Stelle tritt die Beschäftigung mit sozialen Fragen, die verstärkte Kommunikation mit der Umwelt und die Sehnsucht nach einem Gefühl der Einheit mit der Schöpfung sowie eine erhöhte Sensibilität für das Schöne.

Der Winter setzt diesem Zyklus ein Ende, aber es ist nur ein scheinbares Ende. Das Element Wasser kennzeichnet einerseits die Phase der Auflösung der Formen und andererseits eine Zeit, in der enorme Ausdauer, Zielgerichtetheit und Durchhaltevermögen in der Natur am Werk sind. Die Lebenskraft liegt zusammengeballt im Samenkorn in der Tiefe der Erde. Diese Zusammenballung der Energie, die Auflösung der zusammengesetzten Materie, die wir „Tod" nennen, und die reinigende Kraft des Wassers sind die bedeutendsten Merkmale dieses Elements.

Ein Menschenleben, von der Geburt bis zum Tod, kann ebenfalls in fünf (Element-) Phasen aufgeteilt werden. Das Säuglings- und Kleinkindalter entspricht dem Element Holz, die Jugend ab der Pubertät dem Element Feuer, das junge Erwachsenenalter dem Element Erde, das reife Erwachsenenalter dem Element Metall und das Alter bis zum Tod dem Element Wasser.

Alter	Geschlecht	Element
0 – 14	weiblich/Yin	Holz
0 – 16	männlich/Yang	Holz
14 – 28	weiblich/Yin	Feuer
16 – 32	männlich/Yang	Feuer
28 – 42	weiblich/Yin	Erde
32 – 48	männlich/Yang	Erde
42 – 56	weiblich/Yin	Metall
48 – 64	männlich/Yang	Metall
56 bis zum Tod	weiblich/Yin	Wasser
64 bis zum Tod	männlich/Yang	Wasser

(Diese Tabelle erhebt keinen Anspruch auf absoluter Genauigkeit. Die hier wiedergegebene Einteilung kann von Fall zu Fall variieren.)

DIE LEBENSENERGIE UND
IHRE KANÄLE

Qi (ausgesprochen: „Chi") wird oft mit vitaler Energie oder Lebenskraft übersetzt. Es scheint jedoch weit mehr zu sein als nur feinstofflicher „Sprit" für müde Motoren. In taoistischen Schriften wird beschrieben, wie alle Phänomene im Universum durch Qi zusammengehalten werden. Wenn ein lebendiges Wesen stirbt, entweicht sein Qi, und die Atome, aus denen seine materielle Hülle bestand, fallen auseinander. Qi ist überall um uns herum. Wir nehmen es vor allem über die Luft auf, die wir einatmen, und über die Nahrung, die wir essen. Das Qi in unserem Körper fließt durch Kanäle, die den Blut- oder Lymphgefäßen vergleichbar sind und Meridiane oder Energieleitbahnen genannt werden. Es gibt Hunderte von diesen Kanälen, aber in diesem Buch wollen wir uns auf die zwölf Hauptmeridiane konzentrieren.

Die Vorstellung von einem feinstofflichen Körper, der über Energiezentren verfügt und von Energiebahnen durchzogen ist, findet man in vielen verschiedenen Kulturen auf der ganzen Welt: bei den Kahunas aus Polynesien, bei den Hopis in Nordamerika, bei Stämmen und alten Hochkulturen in Zentral- und Südamerika, bei den Aborigenes in Australien und überall in Asien (China, Indien, Japan, Tibet und so weiter). In Asien wurde das energetische Wesen des Menschen sicherlich am gründlichsten und systematischsten untersucht und dokumentiert, sei es aus spirituellen, medizinischen oder sonstigen Beweggründen.

Man kann sich die Meridiane als Bäche oder Flüsse vorstellen, die teils an der Oberfläche und teils im Inneren des Körpers fließen. Auf den oberflächlichen Meridianen befinden sich die Akupunkturpunkte, kleine trichterförmige Öffnungen beziehungsweise Energiezentren oder Energiespiralen. Die Energie in den Kanälen kann mit Hilfe von Akupunkturnadeln, aber auch mit Wärme (Moxibustion) oder Druck (Shiatsu-Massage, Akupressur) beeinflußt werden.

Wie schon erwähnt konzentrieren wir uns hier vor allem auf die zwölf Hauptmeridiane, die mit sämtlichen Körperorganen und Körperfunktionen in Zusammenhang stehen, sowie auf die zwei „Zentralgefäße". Diese zwölf Meridiane sind bis auf zwei Ausnahmen auch nach bestimmten Organen benannt, was dazu verleiten kann, sie ausschließlich mit diesen Organen in Verbindung zu bringen.

Wenn wir beispielsweise vom Magen-Meridian sprechen, meinen wir nicht etwa eine Energieleitbahn, die nur den Magen mit Energie versorgt, sondern vielmehr einen ganzen Funktionskreis, der weit mehr beinhaltet, nämlich das Prinzip der Nahrungsaufnahme auf der körperlichen Ebene über die Speiseröhre und den Magen, aber zum Beispiel auch auf der Zellebene, sowie das Prinzip der Informationsaufnahme auf der psychischen Ebene und das übergeordnete Prinzip der Energieaufnahme, weil sowohl körperliche als auch geistige Nahrung eine Form von Energie ist. Es gibt verschiedene Arte von Qi-Energie, wie das folgende Diagramm zeigt.

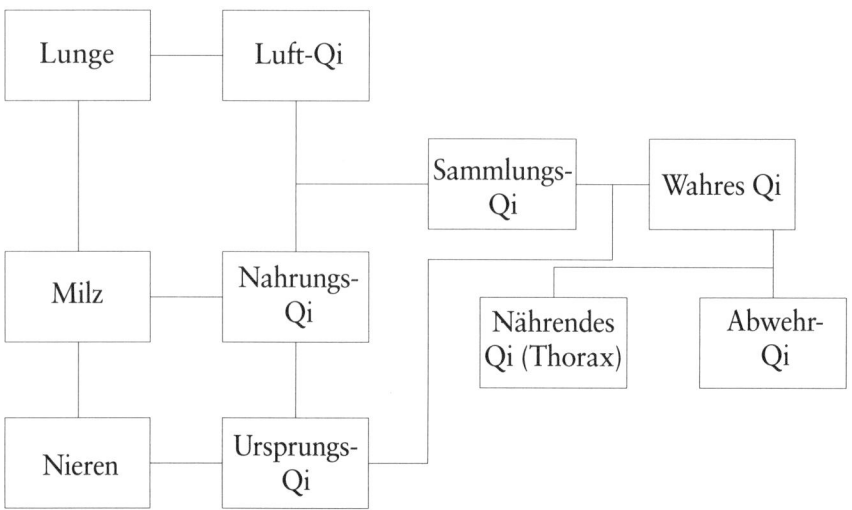

Wenn wir geboren werden, verfügen wir bereits über eine gewisse Menge an Ursprungs-Qi, und diese „Erbenergie" ist in unseren Nieren gespeichert. Die Menge und Qualität des Ursprungs-Qi ist erblich bedingt. Im Westen würde man sagen, daß das Kind eine starke beziehungsweise schwache Konstitution geerbt hat. Die Qualität dessen, was wir an Nahrung zu uns nehmen, und die Art, wie wir atmen, kann jedoch erheblich zur Verbesserung einer schwachen Konstitution beitragen und einen Mangel an Ursprungs-Qi kompensieren.

Dem Diagramm auf der gegenüberliegenden Seite ist zu entnehmen, daß die Effizienz unserer Abwehrkräfte davon abhängt, über wieviel Qi wir verfügen. Dies wirft ein Licht auf die häufigste Erkrankungsursache der modernen Zeit, die Immunschwäche.

Viele Stadtmenschen atmen oberflächlich und halten sich meist in schlechter Luft auf. Wir nehmen uns nicht genug Zeit zum Essen und schlingen in Eile minderwertige Nahrungsmittel hinunter. Streß, Hektik und Leistungsdruck tun ein übriges. Diejenigen von uns, die über gute Erbanlagen verfügen, halten diese „Diät" länger aus als andere. Aber früher oder später macht sich die Qi-Schwäche bei jedem von uns bemerkbar.

Die wichtigste Eigenschaft von Qi ist *Bewegung*. Man kann das Bild des Wassers nehmen, um zu verdeutlichen, was geschieht, wenn Qi aufhört zu fließen. Es gerät in einen mit Eis vergleichbaren Zustand und wird „eingefroren", leblos, gelähmt oder statisch. Der optimale und natürlichste Zustand von Qi ist schnell fließend wie ein Bergbach, kraftvoll und frisch, und zwischendurch auch wie ein großer, lebenspendender, friedlicher Fluß, in den kleine Bäche münden.

Innerhalb des Meridiansystems kommt es immer wieder zu Staus und Behinderungen des Qi-Flusses. Die Gründe dafür sind vielfältig und sowohl materiell als auch psychisch, äußerlich und innerlich. Ein emotionaler Schock kann beispielsweise einen langanhaltenden Stau im Herz-Kreislauf-Meridian verursachen. An anderen Stellen können energetische Mangelzustände entstehen oder gar eine energetische Leere. Das kann Symptome wie Müdigkeit, psychisches Ungleichgewicht, Schmerzen, Organstörungen und chronische Erkrankungen zur Folge haben. Akupunktur, Moxibustion, Massage, Kräuteranwendungen, Qi-Gong und Ernährungsumstellung sind klassische und sehr wirkungsvolle Methoden, um den Qi-Fluß zu verbessern, aber auch, um mehr Energie aufzunehmen und zu speichern, damit sich das System selbst regenerieren kann. Neuerdings kommen noch andere energetische Behandlungsweisen aus dem Westen hinzu, zum Beispiel die Kinesiologie.

2. TEIL

DIE ZWÖLF HAUPTMERIDIANE

METHODEN ZUR STÄRKUNG UND HARMONISIERUNG

Im nun folgenden Teil des Buches finden Sie detaillierte Beschreibungen aller Meridiane beziehungsweise Funktionskreise mit ihren Entsprechungen, den Symptomen, die bei einer Störung des Energieflusses auftreten, Übungen aus dem „inneren" Qi Gong, Meridian-Dehnübungen sowie Ernährungstips.

Wenn Sie ernstere Symptome an sich beobachten, raten wir Ihnen dringend, sich von einem erfahrenen Therapeuten beraten und/oder behandeln zu lassen und nicht zu versuchen, sich nur aus Büchern wie diesem selbst zu behandeln.

QI GONG

Qi Gong ist ähnlich wie Akupunktur, Moxibustion, Massage und Arzneimitteltherapie ein wichtiger Teil der Traditionellen Chinesischen Medizin. Unter den Begriff Qi Gong fallen unterschiedliche Übungssysteme, die aus bestimmten präzisen Körperhaltungen, Bewegungen, Atemtechniken und geistigen Übungen wie Visualisierung und Konzentration auf spezielle Punkte bestehen. Es gibt viele verschiedene Qi Gong-Schulen oder überlieferte Qi Gong-Techniken und Richtungen (man kann hier auch von Traditionslinien sprechen) und unabhängig davon, ein sogenanntes „inneres" und ein „äußeres" Qi Gong.

Beim „inneren" Qi Gong richtet sich die Aufmerksamkeit verstärkt nach innen. Die Übung wird vor allem vom Geist ausgeführt und besteht aus der Fokussierung der Gedanken oder der Aufmerksamkeit auf bestimmte Bereiche. Manchmal schließt sie auch das Visualisieren von Farben, Licht, Bewegung, Organen und so weiter ein. Diese Form von Qi Gong ist eher passiv, also eher Yin. Im Gegensatz dazu ist „äußeres" Qi Gong mit Körperbewegungen verbunden, also aktiver und daher eher Yang. Die Übungen aus dem äußeren Qi Gong werden nicht nur als „Körpertherapie" eingesetzt, sondern zum Beispiel auch als Aufwärmübungen, bevor man mit dem Training von Kampfsportarten wie Kung-Fu oder Wu-Chu beginnt.

MERIDIAN-DEHNÜBUNGEN

Die Meridian-Dehnübungen haben sicherlich den gleichen Ursprung wie die sehr alten Übungssysteme des Qi Gong oder auch des Yoga, aber in der Form, in der wir sie heute kennen, stellen sie moderne Weiterentwicklungen dar und erinnern sehr an die im Westen bekannten Stretching-Übungen. Meridian-Dehnungen und Shiatsu gehören zusammen, und wenn man erklären will, wie sie wirken, kommt man nicht umhin, auch über Shiatsu zu sprechen.

Shiatsu ist ebenfalls eine Weiterentwicklung einer älteren Form der Druckmassage aus China, die von den Japanern etwas verändert und perfektioniert wurde. Eine Shiatsu-Behandlung besteht aus einer Mischung aus Akupressur-Elementen (es wird mit Daumen, Handballen, Ellbogen, Knien und Füßen unter anderem entlang der Meridiane und an den Akupunkturpunkten „gearbeitet"), Gelenkrotationen und Muskeldehnungen. Diese intensive Behandlung soll der Energie in den Kanälen zu einem besseren, freieren Fluß verhelfen, so daß der Körper in die Lage versetzt wird, sich selbst zu regenerieren (also zu heilen). Wie Sie den Bildern in diesem Buch entnehmen können, verlaufen die Meridiane über bestimmte Muskeln und Gelenke mit ihren Sehnen und Bändern. Wenn diese in einem bestimmten Winkel gedehnt werden, dehnt sich der Meridian mit. Das hat zur Folge, daß der Meridian mehr an die Oberfläche des Körpers steigt und die Energie in ihm einen Schub oder Kick bekommt, das heißt, daß ihr Fluß angeregt wird. Bei den Meridian-Dehnübungen handelt es sich um körperaktive Übungen, die eher als Yang einzustufen sind. Aus diesem Grund habe ich sie zur Harmonisierung der Yang-Meridiane ausgewählt.

Allgemein gilt sowohl für Qi Gong- als auch für Meridian-Dehnübungen, daß Schwierigkeiten mit den Übungen, Schmerzen oder auch nur unangenehme Gefühle beim Üben, unbedingt ernstgenommen werden sollten. Unser ganzes Leben in der westlichen Gesellschaft ist sehr leistungsorientiert, und es kann leicht passieren, daß die Sensibilität für unseren Körper von diesem Leistungsdruck verzerrt und betäubt wird. Deshalb gilt die Regel: Alarmzeichen des Körpers immer ernst nehmen und stets sanft und aufmerksam üben. Wenn Ihnen eine Übung schwerer fällt als andere, sollten Sie diese Tatsache als eine wichtige Entdeckung mit diagnostischer Aussagekraft verstehen und nicht als persönliches Versagen.

POSITIVE DENKMUSTER

Positive Denkmuster (Affirmationen) spielen in diesem Buch eine relativ wichtige Rolle. Sie erfahren, in welcher Beziehung sie zu den einzelnen Meridianen stehen, was sie grundsätzlich bedeuten und wie Sie sich ihner bedienen können, um die Energie in den Meridianen auch auf der psychischen Ebene zu harmonisieren und zu stärken. Sie haben mindestens eine Möglichkeit um herauszufinden, mit welchem Denkmuster Sie am besten üben sollten: Lesen Sie die Kapitel über die einzelnen Meridiane zunächst aufmerksam durch, vor allem auch die Symptomlisten und die Entsprechungstabellen. Wahrscheinlich wird das eine oder andere auf Sie zutreffen. Lesen Sie die Kommentare zu den einzelnen Denkmustern und nehmen Sie sich etwas Zeit, um über diese Überlegungen oder „Denkanstöße" zu meditieren. Die Zeit vor dem Einschlafen, das heißt, bevor das Bewußtsein in den Schlaf hinübergleitet und das Unterbewußtsein bereits zugänglich ist, ist am besten, um mit positiven Denkmustern zu arbeiten. Im letzten Teil des Buches finden Sie außerdem noch wichtige kinesiologische Übungen, welche die Wirkung der positiven Denkmuster verstärken.

DAS ELEMENT ERDE
MAGEN- UND MILZ/ PANKREAS-MERIDIAN

Die Erde nimmt unter den fünf Elementen eine zentrale Stellung ein, denn in der Erde sind auch die anderen vier Elemente oder Wandlungsphasen enthalten: Metall in Form von Erzen, Wasser als Feuchtigkeit, Holz in Form von aufgelösten Pflanzenteilen und Feuer als Magma. Das gleiche ist auch im Zusammenhang mit den Jahreszeiten zu beobachten. Der Altweibersommer liegt genau in der Mitte des Jahres, wenn man das Frühjahr als dessen Anfang betrachtet, und in dieser Zeit kann man oft sämtliche Arten von Wetter in rasch wechselnder Abfolge beobachten, einschließlich winterlicher Kälte.

Die symbolische Bedeutung der Erde ist in allen Kulturen ähnlich. Sie bietet Schutz und Nahrung, sie schenkt Leben wie eine gute Mutter, ist aber auch eine archetypische böse Mutter, die am Ende ihre eigenen Kinder frißt. Die Erde ist das Symbol für Materie schlechthin. Hunger und Sehnsucht nach Geborgenheit (emotionale Sicherheit) sind ihre wichtigsten Kennzeichen. Da unsere körperliche Hülle aus Materie besteht, muß sie sich nach einer (un-)gewissen Zeit wieder auflösen, um Dünger für den Mutterboden zu werden. Aus diesem Grunde ist das Gefühl der Sicherheit und Geborgenheit im Element Erde recht zwiespältig.

Ausgeglichenheit, Gleichgewichtsgefühl, Gelassenheit und innere Stabilität, alles Qualitäten, die ein gesundes Erd-Element verleiht, hängen davon ab, ob wir als Menschen wie Maulwürfe leben (blind unter der Erde) oder zwischen Erde und Himmel, mit festem Kontakt zum Boden und einem raumerfassenden Bewußtsein. Die Erde nährt unsere Körper, aber wir sind zweifellos mehr als nur körperliche Wesen.

Es gibt keinen vernünftigen Grund, warum wir unseren Mutterboden ausbeuten und vergiften. Die Erde ist unser Heim, und wer lebt schon gerne auf einer Müllhalde? Dennoch haben wir große Teile der Erde und manchmal auch unsere Körper zur Müllhalde degradiert, zum Beispiel weil wir wahllos und zuviel konsumiert haben. Ein harmonisches Zusammenspiel aller anderen vier Elementen ist notwendig, um die Gesundheit der Erde zu fördern und zu erhalten.

Frauen haben eine besonders starke Beziehung zur Erde. Wenn Frauen (und auch manche Männer) aus dem Gleichgewicht geraten, essen sie Berge von Süßigkeiten (Schokolade). Der süße Geschmack tut dem Erd-Element gut, wenn auch nur in Maßen. Unter übermäßigem Genuß von raffiniertem Zucker leidet die Bauchspeicheldrüse (Pankreas), was einen gefährlichen Yo-Yo-Effekt zur Folge hat: Unterzuckerung – Überzuckerung, Depression – Überaktivität. Das führt zu starken Stimmungsschwankungen und schließlich sogar zu ernsthaften gesundheitlichen Störungen.

Eßstörungen, einschließlich Bulimie und Anorexia nervosa (Magersucht), sind ebenfalls typisch weibliche Störungen oder typisch weibliche Methoden, seelisches Leid über die Nahrungsaufnahme beziehungsweise die Nahrungsverweigerung zu kompensieren. In diesem Zusammenhang ist zu erwähnen, daß das Element Erde in direkter Verbindung zum Zentrum unserer Persönlichkeit, zu unserem Ich-Bewußtsein steht. Je stabiler und gefestigter unser Ich-Bewußtsein ist, desto mehr fühlen wir uns in uns selbst geborgen. Probleme und Sorgen können uns weniger schnell aus dem Sattel werfen. Wir sind in der Lage, mit anderen mitzufühlen, ohne selbst zu „leiden", weil wir in unserem Zentrum bleiben.

Der Zustand unseres Bindegewebes gibt uns Informationen über das Erd-Element in uns. Eine Schwäche des Bindegewebes kann erblich bedingt sein. Sie kann aber durch entsprechende Ernährung oder naturheilkundliche Behandlung günstig beeinflußt werden.

Singen ist das Ausdrucksmittel der Erde und stärkt unser Erd-Element beträchtlich. Singen Sie also, auch wenn Sie meinen, keine schöne Stimme zu haben (die Stimme braucht Übung, um überhaupt schön werden zu können): im Auto, in der Badewanne, wann immer es Ihnen Spaß macht und Sie das Gefühl haben, ohne Hemmungen mit Ihrer Stimme experimentieren zu können.

Wenn wir die „Erde" in uns jedoch wirklich pflegen wollen, müssen wir uns näher mit dem Thema Ernährung befassen. Erdbetonte Menschen beschäftigen sich gern mit Diätvorschlägen, und davon gibt es weiß Gott genug! Es gibt sogar so viele, daß es fast unmöglich scheint, sich längere Zeit auf eine bestimmte Art zu essen festzulegen. Es kann natürlich auch Spaß machen, jede Woche zu wechseln, aber ob das dem Körper gefällt, ist eine andere Frage. Ernährung ist eine sehr individuelle Angelegenheit. Daher sollte sich jede(r) auf die Suche nach der für sie (ihn) idealen Ernährungsweise machen.

Das bedeutet, daß wir sehr bewußt essen und genau beobachten müssen, wie unser Körper darauf reagiert. Obgleich das alles sehr individuell ist, gibt es allgemeine Regeln, die zu beachten sind, zum Beispiel möglichst frische, naturbelassene, biologisch angebaute Lebensmittel zu wählen, die aus der gleichen Gegend beziehungsweise aus der gleichen Klimazone stammen wie wir selbst und auf keinen Fall Tausende von Kilometern zu uns unterwegs waren. Wichtig ist auch, keine Völlerei zu betreiben, sondern weniger zu essen, so daß am Ende einer Mahlzeit immer noch etwas Platz im Magen bleibt. Die Nahrung sollte auch stets gut gekaut werden, denn das gründliche Kauen schützt gegen Übersäuerung. Nehmen Sie sich auch genügend Zeit, um Ihre Mahlzeiten einzunehmen. Essen Sie nicht im Stehen, zwischen Tür und Angel oder mit einem Blick auf die Uhr, denn das ist besonders unbekömmlich. Wenn Sie Fleischesser sind, bedenken Sie bitte, wie die Tiere, die Sie vertilgen, gehalten wurden, ob sie mit Antibiotika oder nichtartgerechtem Futter vollgepumpt und unter grausamen Umständen transportiert worden sind. Wenn das der Fall war, sollten Sie sich auf die Suche nach gesunden und ethisch vertretbaren Alternativen machen. Diese Überlegungen sind wichtiger, als sich Gedanken darüber zu machen, ob alle Menschen morgens zum Frühstück rohes Obst oder Müsli oder Reis mit Suppe oder gar nichts essen sollten. Das kann jeder für sich ausprobieren.

Wenn wir uns die Meridian-Uhr (s. Seite 144) anschauen, sehen wir, daß die Zeit zwischen 7.00 und 9.00 Uhr morgens dem Magen und die Zeit zwischen 9.00 und 11.00 Uhr morgens dem Milz-Pankreas-Meridian zugeordnet ist. Es dürfte also von Vorteil sein, zwischen 7.00 und 9.00 Uhr morgens zu frühstücken, weil der Magen in dieser Zeit viel Energie für die Aufnahme und Aufbereitung der Nahrung be-

MAGEN-MERIDIAN –
ENTSPRECHUNGSTABELLE

Anfangspunkt des Meridians	auf den Wangenknochen unterhalb der Augenmitte
Endpunkt des Meridians	äußere (vom Körper weg) Nagelfalzwinkel der zweiten Zehen
Neuro-lymphatischer Punkt vorn	nur auf der linken Körperseite zwischen der fünften und der sechsten Rippe
Neuro-lymphatische Punkte hinten	links und rechts der Wirbelsäule zwischen dem fünften und dem sechsten Brustwirbel
Neuro-vaskuläre Punkte	auf den Stirnbeinhöckern
Element	Erde / Yang
Farbe	Gelb, Erdtöne
Maximalzeit	7.00 bis 9.00 Uhr
Jahreszeit	Spätsommer, Altweibersommer
Geschmack	süß
Geruch	wohlriechend (blumig)
Körpergewebe	Bindegewebe
Sinnesorgan	Zunge (Schmecken)
Körperöffnung	Mund
Stimmlicher Ausdruck	Singen, melodiöse Stimme
Körperflüssigkeit	Speichel
Psychische Faktoren	Sympathie, Anteilnahme, analytische, rationale geistige Eigenschaften
Positive Denkmuster	Ich finde Zufriedenheit in mir und in meinem Leben. Ich vertraue darauf, daß sich meine Bedürfnisse jederzeit erfüllen lassen. Ich nehme das auf, was ich wirklich brauche. Ich sorge mit Leichtigkeit für mich und mir nahestehende Menschen.

kommt. Manche Menschen haben dennoch Probleme, überhaupt zu frühstücken. Ihr Magen möchte morgens einfach geschont werden und braucht eine längere „Anlaufzeit". Die sollte man ihm auch geben.

Der Magen-Meridian ist der Yang-Meridian des Elements Erde, also der aktive Part. Er steht für Nahrungssuche und Nahrungsaufnahme, aber auch für die Aufnahme von Informationen. Der Milz-Pankreas-Meridian, sein Partner, steht für Transformation, für die Umwandlung der aufgenommenen Substanzen und für ihre Integration in das eigene System oder Wesen.

Goldgelb ist die Farbe der Erde. Sie hellt unser Gemüt auf, wenn wir depressiv sind, vertreibt die Sorgen und stärkt unser Selbstvertrauen. Gartenarbeit ist eine wunderbare Beschäftigung, um das Element Erde in uns zu stärken.

Ich finde Zufriedenheit in mir und in meinem Leben.

Zuerst soll ich Zufriedenheit in mir selbst finden, bevor ich sie in meinem Leben (z.B in meiner Lebenssituation) finden kann. Diese Zufriedenheit mit mir selbst hat damit zu tun, daß ich mich als Mensch wertschätze, aber auch damit, daß ich erkenne, wie unnötig, wie überflüssig Erwartungen und Gier nach mehr und immer mehr sind. Mit diesem Satz entscheide ich mich ganz bewußt gegen Hetze, gegen das große Rennen nach mehr Besitz, nach mehr Nahrung, nach mehr Anerkennung, nach mehr Liebe, nach einem größeren Wagen, einem schöneren Ehemann/Freund oder nach einer hübscheren Ehefrau/Freundin (und die Liste nimmt kein Ende). Ich bin zufrieden mit dem, was ich bin und was ich habe, und dadurch bin ich wunderbar entspannt.

Wenn ich sage „ich bin zufrieden, mit dem was ich bin", meine ich nicht, daß jeglicher Entwicklungsprozeß in meiner Persönlichkeit zum Stillstand kommen muß. Es geht eher darum, genau zu erkennen, wer und was ich bin, was für ein phantastisches Potential in mir schlummert, und daran zu arbeiten, dieses Potential Schritt für Schritt zu realisieren, anstatt Luftschlösser zu bauen. Mit dem zufrieden zu sein, was man hat, heißt auch nicht, die Hände in den Schoß zu legen und überhaupt nichts mehr zu tun. Es kann vielmehr bedeuten, daß wir plötzlich mehr Zeit haben, um uns um Dinge und Menschen zu kümmern, weil wir nicht mehr wie wild durch den Tag rasen. Der Fluß unser Gedanken wird automatisch ruhiger, wir schlafen besser und haben mehr Energie zu unserer Verfügung.

Ich vertraue darauf, daß sich meine Bedürfnisse jederzeit erfüllen lassen.

Das ist der „Anti-Sorgen"-Satz! Natürlich müssen wir etwas tun, damit sich unsere Bedürfnisse erfüllen. Aber mehr als unser Möglichstes können wir nicht tun – und das muß eben reichen. Wir vertrauen darauf, daß es genug ist, daß die „Erde" uns nicht im Stich läßt.

Ich nehme das auf, was ich wirklich brauche.

Ähnlich wie bei dem ersten positiven Denkmuster geht es hier darum, daß wir uns von unserer Gier nicht führen und kontrollieren lassen. Wir entscheiden uns mit diesem Satz für eine bewußte Art der Nahrungsaufnahme oder prinzipiell der Aufnahme, denn es kann sich dabei auch um andere Dinge handeln, zum Beispiel um Bücher, Kleidung, Genußmittel und so weiter. Mit diesem Satz sagen wir uns: „Ich bin mir viel wert und muß meinen Besitz nicht grenzenlos erweitern." Wir müssen nicht asketisch leben, wir müssen aber auch nicht kopflos nach allem greifen, was uns angeboten wird (und das ist in unserer westlichen Gesellschaft eine schier unendliche Menge an Konsumgütern).

Ich sorge mit Leichtigkeit für mich und nahestehende Menschen.

Das Leben bringt es manchmal mit sich, daß wir vor einem Berg von Aufgaben und Pflichten stehen, von dem wir meinen, daß wir ihn nie werden abtragen können. Diesen Zustand haben wir meist nicht nur den anstehenden Aufgaben zu verdanken, sondern oftmals auch unseren negativen Einstellungen ihnen gegenüber, die sich wie Verstärker auswirken. Unser geringes Selbstvertrauen und unser Mangel an Selbstwertgefühl ist wie ein Vergrößerungsglas, das allen Schwierigkeiten groteske Dimensionen verleiht. Mit unserem positiven Denkmuster sagen wir uns: „Bleib auf dem Boden der objektiven Realität. Hier sind meine Fähigkeiten, dort die Aufgabe. Es ist daher ganz klar und absolut logisch, daß ich diese Aufgabe meistern werde."

STÖRUNGEN DES ENERGIEFLUSSES IM MAGEN-MERIDIAN

Ein Zuviel (ein Stau) an Energie zeigt sich in:
sehr großem Appetit bis hin zur Eßsucht,
Völlegefühl im Magen,
Brechreiz,
akuter Magenschleimhautentzündung,
Übersäuerung,
Verspannungen im Bereich des Solarplexus,
häufigem Aufstoßen,
roter Nase,
Neigung zu trockener Haut,
Verhärtungen im Außenbereich der Beine (Quadricepsmuskeln),
Herpes im Lippenbereich,
bei Frauen in Eierstockentzündungen und verschiedenen anderen
   gynäkologische Erkrankungen mit akutem Charakter,
intellektueller Überaktivität (die Gedanken kreisen unentwegt im
   Kopf herum),
Arbeitssucht,
Ungeduld.

Ein Mangel an Energie zeigt sich in:
chronischer Gastritis (Magenschleimhautentzündung)
   und anderen chronischen Magenerkrankungen,
Appetitmangel,
Ausbleiben der Menses (Amenorrhoe) und anderen chronischen
   gynäkologische Problemen, wie zum Beispiel PMS-Syndrom
   aufgrund mangelnder Gelbkörperhormonproduktion,
Magensenkung,
Bindegewebsschwäche,
dicken Beinen ohne Energie
   (Schwierigkeiten beim Laufen oder Rennen),
schneller Ermüdung,
„Pudding-Sucht",
Konzentrationsschwäche.

Ein ausgeglichener Zustand ist gekennzeichnet durch:
guten Appetit,
Geduld,
Ausgewogenheit zwischen Intellekt und Emotionen,
starke Beine, (gute Läufer),
hormonelles Gleichgewicht.

DEHNÜBUNG FÜR DEN
MAGEN-MERIDIAN

Diese Übung kann, je nach Beweglichkeit, in drei Varianten ausgeführt werden.

1. Variante: Knien Sie sich so hin, daß Ihre Knie sich am Boden berühren. Legen Sie beide Hände auf das Gesäß und lehnen Sie sich bei jeder Ausatmung etwas nach hinten; legen Sie den Kopf dabei in den Nacken, so daß der ganze Magen-Meridian bis zu den Anfangspunkten im Gesicht gedehnt wird.

2. Variante: Knien Sie sich hin, legen Sie beide Hände flach auf den Boden hinter sich und bringen Sie das Gesäß leicht nach oben, so daß der Oberkörper gedehnt wird. Legen Sie den Kopf in den Nacken. Atmen Sie langsam und dehnen Sie immer synchron zur Ausatmung. Wenn Sie am äußersten Punkt angekommen sind, nehmen Sie noch einmal drei tiefe Atemzüge und kehren dann langsam wieder in die aufrecht kniende Position zurück.

3. Variante: Wie oben, nur legen Sie jetzt den ganzen Oberkörper nach hinten auf den Boden.

Anschließend klappen Sie den Oberkörper nach vorn, legen beide Fäuste als Stütze für den Kopf übereinander und entspannen sich.

ERNÄHRUNG ZUR HARMONISIERUNG DES MAGEN-MERIDIANS

Der süße Geschmack baut die Energie im Magen-Meridian und im Milz-Pankreas-Meridian auf. Zuviel Süßes oder eine zu intensive „Süße" (etwa von raffiniertem Zucker) schadet jedoch diesen Funktionskreisen und dem Element Erde. Wenn wir viel Zucker essen, bildet sich viel Säure im Körper. Alle übermäßig säuernden Nahrungsmittel schaden dem Körper und besonders dem Magen.

Um den Magen zu unterstützen, sollten wir die Nahrung sehr gründlich kauen (nicht schlingen!) und uns insgesamt genügend Zeit für das Essen nehmen. Es kann auch wichtig sein, für die Augen mitzukochen. Je appetitlicher eine Speise aussieht, desto mehr Verdauungssäfte werden bei ihrem Anblick produziert.

Einmal pro Woche, vorzugsweise abends, sollten Sie Ihrem Magen eine kleine „Arbeitspause" gönnen. Diese Pause kann auch bis zum nächsten Mittagessen verlängert werden (ein Frühstück wird also ebenfalls ausgelassen). Dafür sollten Sie mehr Flüssigkeit, zum Beispiel in Form von warmem Mineralwasser (ohne Kohlensäure) zu sich nehmen.

Ein Hitze-Zustand im Magen ist daran zu erkennen, daß die Zunge (im Mittelteil) gelblich gefärbt ist. Nahrungsmittel, die sich kühlend auswirken, sind u.a.:
Honigmelone, Wassermelone
Schaf- beziehungsweise Ziegenmilch, Sahne, Butter
grüner Tee

Gegen häufigen Brechreiz helfen folgende Nahrungsmittel:
Buchweizen, Gerste, Hafer
Mandeln
schwarze Bohnen, gelbe Bohnen und Mungbohnen
Sojamilch, Tofu und andere Soja-Erzeugnisse
Erbsen, Zwiebeln, Lauch, Rettich, Karotten, Stangensellerie
Taro-Kartoffeln, Hokkaido-Kürbis, Chinakohl
Löwenzahn, Zuckerrohr

Koriander, Gewürznelken, Muskat, Kardamom
Karpfen
grüner Tee

Zur Auflösung von Blockaden und Verhärtungen im Magen-Funktionskreis:
Buchweizen wird in einer Pfanne ohne Fett angeröstet bis er „duftet"
und dann in einem Mörser pulverisiert. In der Zwischenzeit wird Rettich gekocht. Anschließend vermischt man den Rettich mit dem Buchweizen. Alternativ können Buchweizen und Rettich auch zusammen
gekocht werden.

Bei allgemeiner Disharmonie des Magen-Qi:
Natur- Rundkornreis mit
  1. Variante: 30 bis 60 Gramm frische Ingwerwurzeln in feine Streifen schneiden, mit Umeboshi-Würzsoße begießen und gut vermischen.
  2. Variante: 30 bis 60 Gramm frische Ingwerwurzeln in feine Streifen schneiden. Mit Umeboshi-Würzsoße begießen, bis der Ingwer
ganz bedeckt ist, und in einem verschlossenen Gefäß ziehen lassen. Als
Pickles in sehr kleinen Mengen verwenden.
3. Variante: Wie 1., aber Reismalz und (oder) Sesamöl hinzufügen.

Bei Magenschmerzen:
Lauchsaft, Löwenzahn, Weißkohl
Joghurt, Kuhmilch
Klebreis, Gerste

Wußten Sie, daß Weißkohl akute Schmerzzustände lindern kann? Probieren Sie es aus. Schneiden Sie 500 Gramm Weißkohl in Streifen und
bestreuen Sie diese mit Meersalz. Warten Sie, bis der Kohl weicher geworden ist und viel Flüssigkeit gelassen hat, und pressen Sie dann den
Saft heraus. Das Gemüse können Sie abspülen und als Salat essen. Der
Saft wird mit einer beliebigen Menge Reismalz (nicht übertreiben!)
vermischt. Von dieser Mischung nehmen Sie zweimal am Tag vor den
Mahlzeiten 200 ml leicht erwärmt ein – bei chronischen Beschwerden
mindestens zehn Tage lang.

MILZ-PANKREAS-MERIDIAN – ENTSPRECHUNGSTABELLE

Anfangspunkt des Meridians	innere (zur Körpermitte hin) Nagelfalzwinkel der großen Zehen
Endpunkt des Meridians	am linken seitlichen Brustkorbs, eine Handbreit unter der Achsel (Stelle ist meist schmerzhaft)
Neuro-lymphatischer Punkt vorn	nur auf der linken Körperseite in einer Kuhle zwischen 7. und 8. Rippe
Neuro-lymphatische Punkte hinten	links und rechts der Wirbelsäule zwischen 7. und 8. Brustwirbel
Neuro-vaskuläre Punkte	auf den Scheitelbeinhöckern
Element	Erde / Yin
Farbe	Gelb, Erdtöne
Maximalzeit	9.00 bis 11.00 Uhr
Jahreszeit	Spätsommer, Altweibersommer
Klima	feucht
Geschmack	süß
Geruch	wohlriechend (blumig) bis süßlich
Köpergewebe	Bindegewebe
Sinnesorgan	Zunge
Körperöffnung	Mund (Lippen)
Stimmlicher Ausdruck	Singen
Körperflüssigkeit	Speichel
Psychische Faktoren	Sympathie, Anteilnahme, Mitgefühl, Sorge, Fürsorge, Analyse und Integration
Positive Denkmuster	Ich fühle mich in mir selbst sicher und geborgen. Ich vertraue darauf, daß mir die Zukunft Gutes bringt. Ich entspanne mich und kann mein Bestes geben. Ich fühle mit anderen Menschen mit und lasse los.

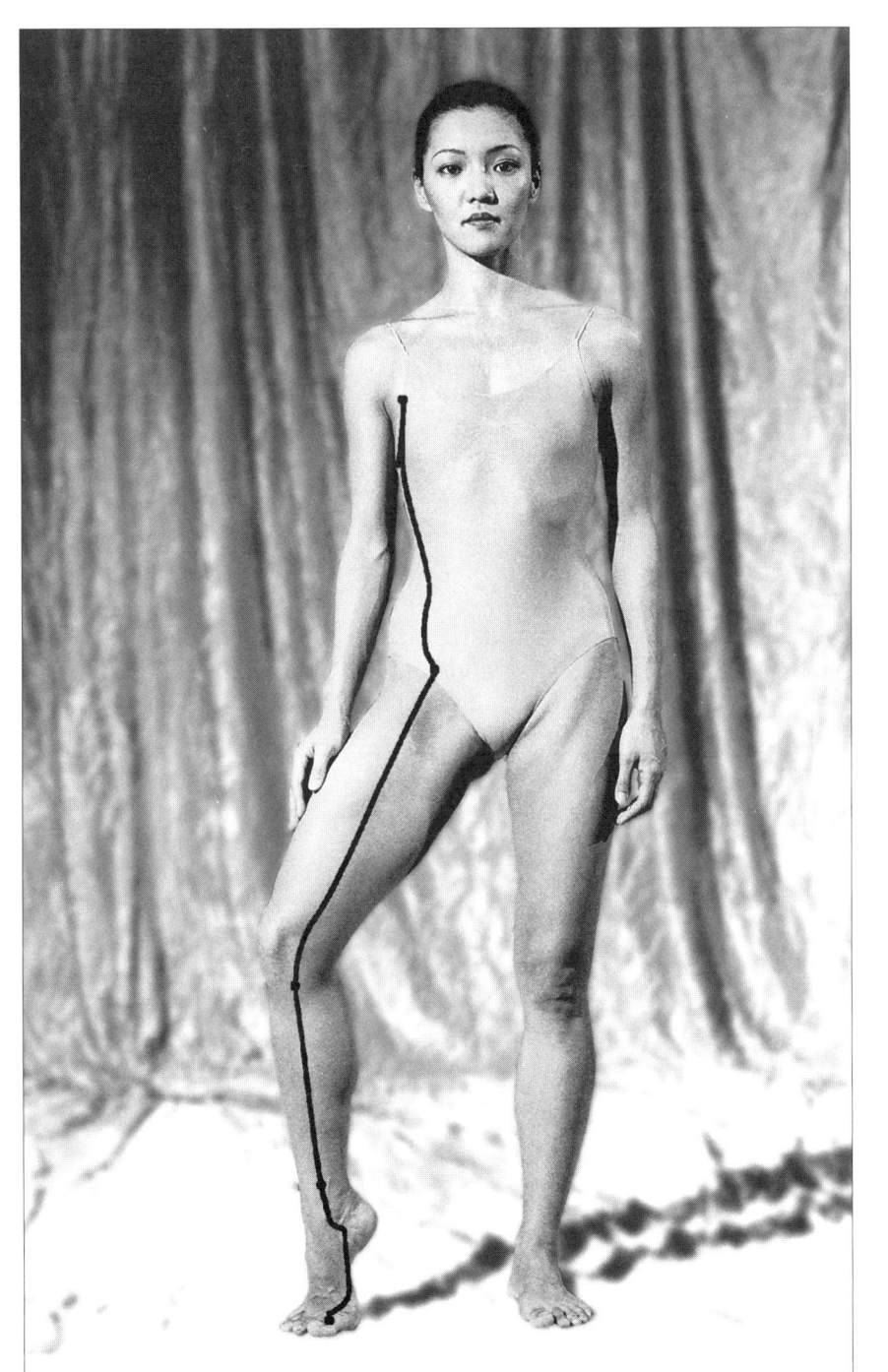

Ich fühle mich in mir selbst sicher und geborgen.

Als wir noch Kinder waren, haben im Normalfall unsere Eltern für unsere emotionale und materielle Sicherheit gesorgt. Wenn sie ihre „Arbeit" gut gemacht haben und das Schicksal es gut mit uns gemeint hat, indem es uns nicht frühzeitig von ihnen getrennt hat, verfügen wir als erwachsene Menschen über ein beträchtliches Maß an innerer Geborgenheit: Wir strahlen Zuversicht aus und machen uns keine übermäßigen Sorgen darüber, ob wir unsere Arbeitsstelle oder unseren Partner verlieren könnten. Die Erfahrung der emotionalen Sicherheit ist tief in unserem Unterbewußtsein verankert. Wir wissen, daß wir stets genug „Futter" und genug Liebe bekommen werden, weil es schon immer so war!

Doch es gibt Ausnahmen, und viele Menschen hatten nicht das Glück, in geborgenen Verhältnissen aufzuwachsen. Man könnte sagen, daß es zwei Arten von emotionaler Sicherheit gibt. Die erste, eben beschriebene nenne ich „animalische" Geborgenheit. Die zweite bezeichne ich als „spirituelle" Geborgenheit. Im Gegensatz zur animalischen Geborgenheit existiert sie unabhängig von der Qualität unserer Kindheitserfahrungen, und mehr noch: Sie existiert immer in uns, auch wenn wir sie nicht fühlen und keinen Zugang zu ihr haben! So gesehen sind Religionen und spirituelle Übungen „Brücken" zu unserer angeborenen inneren Geborgenheit, die ein natürliches (göttliches) Attribut unserer wahren Natur ist. Im übrigen wird das Prinzip des Glaubens dem Element Erde zugeordnet.

Ich vertraue darauf, daß mir die Zukunft Gutes bringt.
Ich entspanne mich und kann mein Bestes geben.

Diese beiden Denkmuster sind dem ersten sehr ähnlich beziehungsweise beschäftigen sich mit der gleichen Thematik. Zum dritten Satz kann man sagen, daß übermäßige und unangemessene Sorgen (genau wie Angst) zu Verspannungen führen, was sich äußerst negativ auf unsere Leistungsfähigkeit auswirkt. Vertrauen ist hingegen leistungsfördernd (eine Erkenntnis, die offenbar noch nicht bis in die Chefetagen der meisten Unternehmen vorgedrungen ist).

Ich fühle mit anderen Menschen mit und lasse los.

Hier geht es um Mitgefühl im Gegensatz zu Mitleid. Mitfühlen heißt keineswegs mitleiden, auch wenn wir es, bedingt durch unsere christliche Erziehung, oftmals so mißverstanden haben. Manche sehr „empathische", d.h. sehr einfühlsame Menschen leiden furchtbar unter ihrer Sensibilität, weil sie sich den Schmerz anderer zu eigen machen. Und genau da liegt das Problem: Sie fühlen nicht nur mit, sondern halten das Gefühlte in sich fest, statt es durch sich hindurch fließen und loszulassen. Daher sind sie oft nicht in der Lage, wirklich tatkräftig zu helfen. Starkes und authentisches Mitgefühl ist nur möglich, wenn wir unser Ego beiseite lassen und uns dem Schmerz gegenüber transparent (durchlässig) machen. Das ist keine leichte, aber eine wunderschöne Übung.

STÖRUNGEN DES ENERGIEFLUSSES IM MILZ-PANKREAS-MERIDIAN

Ein Zuviel (ein Stau) an Energie zeigt sich in:
zwanghaftem Essen ohne richtigen Appetit,
„hartem" Bauch rund um den Nabel,
steifen Schultern und Armen,
einer Tendenz zu Übergewicht und schweren Beinen,
einer Tendenz zu Rundrücken (Kyphose),
Kältegefühl im Becken und im unteren Rücken,
gynäkologischen Erkrankungen, z. B. Zysten,
Entzündungen der Bauchspeicheldrüse,
Introvertiertheit,
Nervosität,
Neigung zum Grübeln,
Übervorsicht aus Angst, Fehler zu machen.

Ein Zuwenig an Energie zeigt sich in:
Mundtrockenheit (wenn beim Essen nicht auch getrunken wird,
   treten Schluckbeschwerden auf),
Zahnfleischbluten,
Parodontose,
Immunschwäche (häufige Virus- oder Pilzinfektionen),
Diabetes und andere Erkrankungen der Bauchspeicheldrüse
   (Enzym-Mangel) und dadurch schlechte Verdauung,
Blähungen.

Ausgeglichener Zustand:
in sich geborgen,
emotionale Stabilität,
gute Verdauung,
hormonelles Gleichgewicht,
harmonische Verteilung des Wassers im Körper
   (keine Wasseransammlungen beziehunsweise Ödeme).

Allgemeine Tips zur Stärkung des Milz-Pankreas-Meridians:
Streß und übermäßige Sorgen schaden dem Milz-Pankreas-Meridian ebenso wie eine ausgeprägte Konsumhaltung. Für den harmonischen Fluß des Qi in diesem Funktionskreis sind ausreichende Entspannung, meditative oder andere spirituelle Übungen, ausgeglichene Ernährung in angenehmer, ruhiger Atmosphäre, Liebe und Fürsorge (sowohl im Geben als auch im Bekommen) notwendig und zuträglich.

QI GONG-ÜBUNG FÜR DEN MILZ-PANKREAS-MERIDIAN

Setzen Sie sich bequem, aber mit geradem Rücken auf einen Stuhl oder auf ein Sitzkissen. Wenn Sie einen Stuhl bevorzugen, achten Sie bitte darauf, daß beide Fußsohlen flach auf dem Boden ruhen.
Entspannen Sie sich, indem Sie drei bis fünf tiefe und ruhige Atemzüge nehmen: ein und aus, ein und aus, ein und aus ...
Atmen Sie tief ein. Beim Ausatmen bilden Ihre Lippen eine runde Öffnung, während Sie den Laut „Hu" singen. Dabei liegt Ihre rechte Hand auf der Milzgegend. Wiederholen Sie dies dreimal. Dann schließen Sie die Augen und visualisieren Ihre Milz von goldenem Licht durchdrungen und umspült. Lächeln Sie Ihrer Milz liebevoll zu und machen Sie sich bewußt, was für wichtige Aufgaben Ihre Milz und Ihre Bauchspeicheldrüse Tag für Tag für Sie erledigen. Bedanken Sie sich bei Ihrer Milz und atmen Sie zum Schluß noch ein paarmal tief ein und aus.

ERNÄHRUNG ZUR HARMONISIERUNG DES MILZ-PANKREAS-MERIDIANS

Alle Ratschläge, die im Zusammenhang mit dem Magen-Meridian gegeben wurden, gelten auch hier. Zusätzlich gibt es ein paar besondere Tips für Frauen, weil der Milz-Pankreas-Meridian eine besonders wichtige Rolle für den weiblichen Hormonhaushalt spielt. Frauen in den Wechseljahren oder kurz davor sollten regelmäßig Phyto-Östrogene in ihren Speiseplan aufnehmen. Diese natürlichen Hormone sind beispielsweise in Sojabohnen reichlich enthalten.

Bei gynäkologischen Erkrankungen beziehungsweise zur Stärkung und Harmonisierung der Fortpflanzungsorgane eignen sich folgende Nahrungsmittel:
Taube oder Huhn
Tintenfisch, Abalone, Miesmuscheln, Austern
Angelika sinensis-Wurzel
    (als Tee oder in Scheiben geschnittenen in Hühnerbrühe mitkochen)
schwarze Sojabohnen

Bei entzündlichen Erkrankungen der Brust:
Orangensaft mit Reiswein
Löwenzahn
Reis mit Chrysanthemenblüten
Honigwickel
Pflaster aus Taro-Kartoffel
Quarkwickel
Siehe auch „Ernährung zur Harmonisierung des
    Leber-Meridians", Seite 93.

Alle Gemüsesorten, die einen natürlich milden und süßen Geschmack haben, wirken harmonisierend auf die „Mitte" und sind für Diabetiker besonders geeignet, zum Beispiel:
Kastanien
Hokkaido-Kürbis und großer Gartenkürbis
Zwiebeln
Kohl (vor allem Weißkohl)
Karotten, Pastinaken, Kohlrabi
Mais (z.B. Polenta) und alle in Vollkorngetreide
    enthaltenen „langsamen" Zucker

DAS ELEMENT METALL
DICKDARM- UND LUNGEN-MERIDIAN

Scharfes Schwert,
Zerschneide den Vorhang der Illusionen!

Metall ist das Element der Verdichtung, der Struktur. Im Metall-Element kommen zwei entgegengesetzte Kräfte zum Ausdruck: zum einen die Sehnsucht nach absoluter, grenzenloser Kommunikation mit allem (Symbiose), die im Element Wasser durch Auflösung der Formen stattfinden kann, zum anderen das Bedürfnis nach Trennung, Abgrenzung, Individuation und Kristallisation. In der Wandlungsphase Metall begegnen wir dem Urbedürfnis der Natur, dem „Chaos" durch Gesetze, Strukturen und Rhythmen entgegenzuwirken. Wo Struktur ist, schwindet das Unberechenbare, das sich schnell Wandelnde. Materielle Strukturen sind dennoch sehr verwundbar und vergänglich, wie uns das Element Wasser, die Phase der Auflösung zeigt. Doch eins bleibt immer im Samenkorn erhalten: die Matrize oder der strukturelle Plan zur Erhaltung der Form.

Die beiden Leitbahnen, die dem Element Metall zugeordnet werden, sind der Dickdarm-Meridian und der Lungen-Meridian. Beim Lungen-Meridian steht der Vorgang des Atmens im Vordergrund, das heißt die Aufnahme von Sauerstoff und Qi aus der Luft und die Abgabe von verbrauchten Gasen und Qi aus dem Organismus. Die Atmung ist das unmittelbarste und spontanste Kommunikationsmittel, über das wir verfügen. Dieser permanente Austausch, der auch über die Haut stattfindet, ist eine lebenswichtige Körperfunktion.

Weil wir voneinander und vom Rest der Natur getrennte Strukturen sind, müssen wir in permanentem Austausch stehen, um lebendig zu bleiben. Die Haut ist das Körpergewebe, das dem Element Metall entspricht. Sie grenzt uns perfekt von unserer Umgebung ab, macht richtige „Individuen" aus uns, schützt uns vor starken Temperaturschwankungen und verschiedenen Angriffen von außen. Durch den Tastsinn gibt sie uns eine zusätzliche Kommunikationsmöglichkeit mit unserer Umwelt.

Auf der psychischen Ebene ist eine angemessene und gesunde Abgrenzungsfähigkeit die Folge eines ausgeglichenen Zustandes im Element Metall. Unter Abgrenzungsfähigkeit verstehe ich die Fähigkeit eines Menschen, sich gegen Übergriffe von außen zu schützen, beziehungsweise die Fähigkeit, Dinge, die dem eigenen Organismus oder der eigenen Persönlichkeit nicht zuträglich sind, auf Distanz zu halten und dennoch eine fließende und angemessene Kommunikation mit der Umwelt zuzulassen. Die physiologische Funktion der Haut und die psychische Abgrenzungsfunktion sind nach diesem Modell identisch.

Primitive Organismen bestehen hauptsächlich aus einer Membran und aus einem Zellkern. Die Membran ist eines der wichtigsten Wesensmerkmale lebendiger Strukturen. Bevor Nahrungsmittel und Informationen in das System integriert werden, werden sie durch diese Membran gefiltert und aufgenommen.

Ein Hauptmerkmal des Elements Metall ist seine Leitfähigkeit. Von beiden Funktionskreisen, Dickdarm und Lunge, wird gesagt, daß sie „das Fahrzeug des Qi" darstellen. Störungen innerhalb dieser Leitbahnen bewirken, daß alle anderen Funktionskreise leiden beziehungsweise das ganze System in Mitleidenschaft gezogen wird. Das Qi wird mangels gut funktionierender Transportmittel sein Ziel nicht mühelos erreichen.

Die Trauer, die wir verspüren, wenn wir einen nahestehenden Menschen verlieren, einen geliebten Ort verlassen oder uns allein und isoliert auf dieser Welt fühlen, ist vermutlich die einzig mögliche Antwort unserer Seele auf unseren Seinszustand als verkörperte Wesen, die von ihrem körperlosen Ursprung getrennt sind. Vielleicht weinen wir der Einheit nach, unserem Ursprung, und dieser ursprüngliche Trennungsschmerz wird jedesmal aktiviert, wenn wir jemanden oder etwas verlieren, mit dem wir uns verbunden gefühlt haben.

Die Lunge als „Speicherorgan" wird zu den Yin-Organen gezählt. Der Dickdarm als „Hohlorgan" gehört zu den Yang-Organen. Seine wichtigste Funktion besteht im Ausscheiden beziehungsweise im Abgeben von Stoffen, die der Organismus nicht gebrauchen kann und die ihn sogar belasten und „vergiften" würden. Diese Funktion ist sowohl körperlich als auch seelisch oder geistig zu verstehen, was natürlich auch für alle anderen Funktionskreise gilt. Viele Erfahrungen, die wir in der Vergangenheit gemacht und Informationen, die wir aufgenommen haben, hinterlassen nutzlose oder gar belastende Gedanken und Emotionen.

Es fällt uns möglicherweise schwer zu erkennen, was wir behalten und was wir loslassen sollten (ein Problem, das mit der Funktion des Dünndarm-Meridians zusammenhängt, wie wir später noch sehen werden). Es kann aber auch sein, daß wir überhaupt unfähig sind, etwas abzugeben, ganz gleich, worum es sich handelt (eine Art pervertiertes Absicherungsverhalten). „Verstopfung" im weitesten Sinne des Wortes ist das Ergebnis dieser Haltung.

Die Nase ist das Sinnesorgan, das dem Element Metall zugeordnet wird. Sie steht in enger Verbindung sowohl mit dem Lungen-Meridian als auch mit dem Dickdarm-Meridian. Riechen gehört zu den primitivsten und ursprünglichsten Sinneswahrnehmungen. Der Geruchsinn ist in der Tierwelt hochentwickelt und dient sowohl dem Selbstschutz als auch der Fortpflanzung und dem Bewachen beziehungsweise Erkennen territorialer Grenzen.

Die Tageszeit, zu der das Qi verstärkt durch das Element Metall wandert, ist der frühe Morgen, die „ Stunde des Tigers" (3.00 bis 7.00 Uhr). Ist die Metall-Energie gestört, so werden sich die Symptome dieser Störung (z.B. Husten) gegen 3.00 Uhr morgens besonders stark manifestieren.

DICKDARM-MERIDIAN-ENTSPRECHUNGSTABELLE

Anfangspunkt des Meridians	innere (Richtung Daumen) Nagelfalzwinkel der Zeigefinger
Endpunkt des Meridians	am unteren Rand der Nasenflügel in einer Vertiefung
Neuro-lymphatische Punkte vorn	außen an den Oberschenkeln von den Knien bis zur Hüfte
Neuro-lymphatische Punkte hinten	dreieckige Stellen zwischen dem 2. und dem 4. Lendenwirbel
Neuro-vaskuläre Punkte	auf den Scheitelbeinhöckern
Element	Metall / Yang
Farbe	Weiß
Maximalzeit	5.00 bis 7.00 Uhr
Jahreszeit	Herbst
Klima	trocken
Geschmack	scharf
Geruch	muffig, abgestanden
Körpergewebe	Haut
Sinnesorgan	Nase
Stimmhafter Ausdruck	Weinen
Körperflüssigkeit	Schleim
Psychische Faktoren	Trauer, Einsamkeit, Isolation oder Tendenz zu symbiotischen Beziehungen, (angemessene) Abgrenzung, Kommunikation, Streben nach Reinheit (Sauberkeitsfimmel) und Ordnung, übertriebene Konzentration auf Details, u.U. Zwanghaftigkeit
Positive Denkmuster	Ich fühle mich rein und klar und im Fluß wie ein Bergbach. Ich lasse die Vergangenheit los und schaffe Platz für nützliche Veränderungen. Ich überlasse mich dem Rhythmus des Lebens. Ich vertraue auf die Grundordnung der Natur.

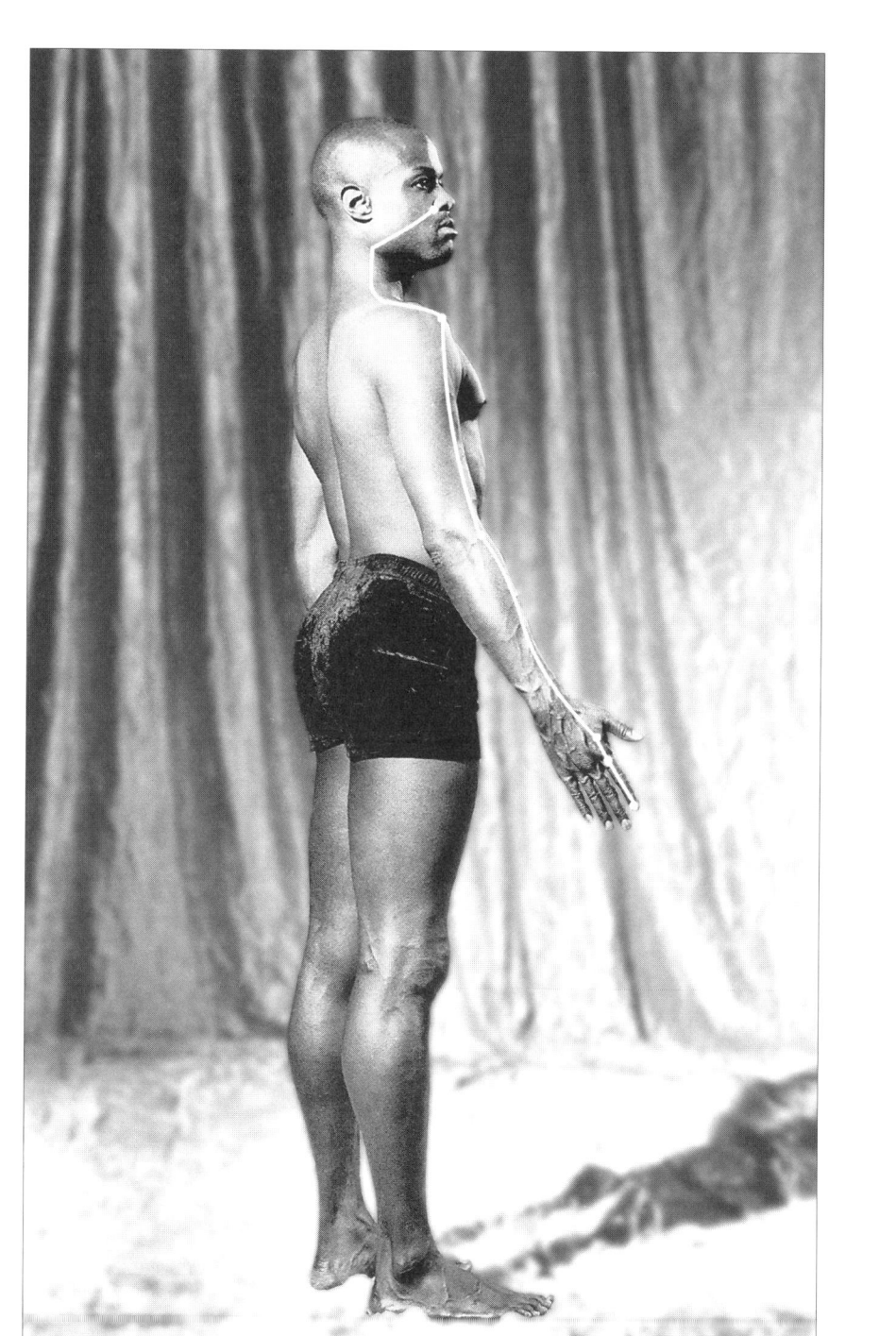

Ich fühle mich rein und klar und im Fluß wie ein Bergbach.

Eine andere wichtige Qualität des Elements Metall ist die Sehnsucht, das vitale Bedürfnis nach Reinheit. Reinheit ist die Abwesenheit von Makel oder Schmutz, ein Zustand, der für unsere Wäsche angeblich mühelos zu erreichen ist (wenn man der Waschmittelwerbung Glauben schenken darf), der jedoch für unser Wesen nahezu unerreichbar scheint. Es sieht so aus, als sei „Schmutz" eher ein Merkmal von Stagnation als ein durch Bewegung und Fluß verursachter Zustand. Je mehr wir im Element Metall „festhalten" oder „zurückhalten", desto mehr Toxine überschwemmen unseren Körper und unseren Geist. Oft halten wir Negatives, Belastendes, „Unreines" zurück (versteckt), weil wir es uns nicht anschauen wollen, weil wir nicht annehmen können, daß es ein Teil von uns ist. Das ist natürlich paradox. Sogenannte Verunreinigungen sind Teil des Lebens. Wir sollten nur nicht zulassen, daß sie sich festsetzen.

Im tibetischen Buddhismus wird ein Aspekt unseres innersten Wesens, „die wahre Natur des Geistes", mit einem Diamanten verglichen, also mit einer äußerst reinen, klaren und zudem noch unzerstörbaren Struktur, die allerdings bei den meisten Menschen von vielen Schichten hartnäckigen und verkrusteten Schmutzes verdeckt wird. Eigentlich sind wir also rein und makellos (der Schmutz auf der Oberfläche des Diamanten beeinträchtigt sein wahres Wesen nicht), und dennoch ist es ein natürliches Bedürfnis des Elements Metall in uns, die Schmutzschichten abzutragen.

Ich lasse die Vergangenheit los und schaffe Platz für nützliche Veränderungen.

Dieses Denkmuster spricht die „Wiederkäuer" unter uns an, Frauen und Männer, die längst vergangene Situationen, Erfahrungen und Erlebnisse immer wieder und wieder vor ihren inneren Augen Revue passieren lassen, die in alten, muffigen und manchmal zweifellos auch schmerzhaften Erinnerungen und Stimmungen plantschen (oder halb ertrinken) und dadurch an ihrem Leben vorbeiträumen. Wir haben alle eine Vergangenheit und das, was wir jetzt sind, ist das Ergebnis dieser Vergangenheit. Aber das, was wir sein werden, unsere Zukunft, ist einzig und allein abhängig davon, was wir *jetzt* tun. Eines müssen wir begreifen: *Wenn wir in unserer Vergangenheit verhaftet bleiben, verbauen wir uns die Zukunft und leben an der Gegenwart vorbei.*

Ich überlasse mich dem Rhythmus des Lebens.
Ich vertraue auf die Grundordnung der Natur.

Leben *ist* Rhythmus. Was geschieht, wenn unser Herz zu stolpern beginnt oder zu rasen? Wie fühlen wir uns, wenn unsere Atmung ungleichmäßig wird? Herzschlag und Atmung sind so banale, weil so alltägliche, unbewußte oder halb bewußte Vorgänge wie die Abfolge von Tag und Nacht, Ebbe und Flut und so weiter. Sie sind so banal und gleichzeitig so lebenswichtig, daß wir in Panik geraten, wenn sie versagen, aus dem Takt geraten, chaotisch werden. Überlegen Sie in aller Ruhe, wo die Rhytmen des Lebens in Ihnen und um Sie herum pulsieren. Hören Sie bewußt rhytmische Musik und tanzen Sie dazu. Lernen Sie trommeln und sich dem Rhythmus ganz hinzugeben.
Rhythmen in der Natur sind Ausdrucksformen der Grundordnung. Es ist sehr beruhigend zu wissen, daß es im materiellem Universum so etwas wie Gesetz und Ordnung gibt, etwas Verläßliches und Vertrauen Erweckendes. Manche Religionen erkennen darin einen Aspekt des Göttlichen. Diese Grundordnung in der Natur ist keineswegs starr, rigide und unveränderlich, sondern im Gegenteil sehr flexibel, anpassungsfähig, dynamisch und sogar „kreativ". Und dennoch folgt sie bestimmten Mustern, gehorcht bestimmten Regeln und verfolgt immer einen bestimmten „Plan" zur Erhaltung des Lebens und zur Weiterentwicklung der Lebensformen.

STÖRUNGEN DES ENERGIEFLUSSES IM DICKDARM-MERIDIAN

Ein Zuviel (ein Stau) an Energie zeigt sich in:
heftigen Kopfschmerzen mit Blutandrang,
Nasenbluten,
verstopfter Nase,

Neigung zu Halsentzündungen,
verspannter Schultermuskulatur,
Muskelverhärtungen im Arm- und Brustbereich,
abwechselnd Verstopfung und Durchfällen,
Juckreiz,
Neigung zu Entzündungen,
aufgeblähtem Unterbauch,
Nörgelei wegen Unzufriedenheit,
Isolation,
Tendenz zu unsozialem Verhalten aufgrund von Kritiksucht,
Tendenz zum Geiz (Festhalten).

Ein Mangel an Energie zeigt sich in:
chronischer Verstopfung,
Kältegefühl in den Gliedmaßen,
Hämorrhoiden,
Unfähigkeit loszulassen,
verstopften Nasengängen,
schwachen Bronchialästen,
schlechter Durchblutung im Unterbauch,
Kraftlosigkeit in der unteren Körperhälfte von den Hüften abwärts,
„eingefrorenen Gesichtszügen",
Müdigkeit aufgrund mangelhafter Ausscheidung von Toxinen,
Entscheidungsschwäche und Entschlußunfreudigkeit,
Neigung, schnell enttäuscht zu sein,
Mangel an Eigenständigkeit,
negativer Lebenseinstellung,
Pessimismus (Schwarzmalerei).

Ausgeglichener Zustand:
angemessenes Geben und Nehmen,
gute, regelmäßige Ausscheidung,
ausgeglichenes Temperament,
Toleranz,
soziales Verhalten,
starkes Immunsystem,
stark entwickelter Schönheitssinn.

DEHNÜBUNG FÜR DEN DICKDARM-MERIDIAN

Stellen Sie sich aufrecht hin, die Füße hüftbreit auseinander. Führen Sie die Arme auf den Rücken und haken Sie beide Daumen ineinander (z. B. zuerst den rechten Daumen um den linken). Neigen Sie nun den Oberkörper so weit nach vorn, wie es Ihnen möglich ist. Lassen Sie den Kopf dabei locker hängen. Nun atmen Sie ein und heben mit dem Ausatmen die Arme und die verschränkten Hände mit gespreizten Zeigefingern ein Stück nach vorn. Wenn Sie Ihre Grenze erreicht haben, atmen Sie dreimal tief ein und aus, lassen die Arme langsam wieder sinken und richten sich, Wirbel für Wirbel, wieder auf (den Kopf zuletzt). Wiederholen Sie die Übung mit andersherum eingehakten Daumen (linker Daumen um den rechten).

ERNÄHRUNG ZUR HARMONISIERUNG DES DICKDARM-MERIDIANS

Geeignet sind folgende Nahrungsmittel:
milchsaueres Gemüse
Miso-Paste
Kuzu-Wurzelstärke oder Kuzu-Wurzeltee
Wasserkastanien
Sesamsamen
Mandeln
Walnüsse
Gerste
Haferflocken
faserreiches Gemüse
Buchweizen
Reis (vor allem Naturreis)
Sorghum
Hirse
Hiobstränensamen
Umeboshi-Aprikosen
Kümmel-, Anis- und Koriandersamen
Kartoffeln in Maßen (Nachtschattengewächse sollten nicht zu häufig
  konsumiert werden)

Kuzu ist eine heilende Wurzel von beeindruckendem Ausmaß. Mit einem durchschnittlichen Gewicht von 100 Kilogramm (Sie haben richtig gelesen!) gehört sie zu den Riesen unter den Wurzeln. Kuzu ist eine Schlingpflanze und wuchert zum Leidwesen amerikanischer Farmer, die sie aus Japan importiert haben, mächtig. Die wirksamen Substanzen in der Kuzu-Wurzel sind Stärke (sie macht Kuzu-Pulver zu einem beliebten Eindickungsmittel) und Bioflavonine, die vor allem das Herz-Kreislaufsystem günstig beeinflussen.

Rezept für Kuzu-Creme

Für eine Tasse Creme brauchen Sie
1 Tasse kaltes Wasser
1 1/2 Teelöffel Kuzu
1 Umeboshi (in Naturkostläden erhältlich), entsteint und gehackt,
  oder ersatzweise 1 Teelöffel Umeboshi-Paste
1/4 bis 1/2 Teelöffel frischer Ingwersaft
1/2 bis 1 Teelöffel Sojasoße (Shoyu).
Lösen Sie das Kuzu in einem kleinen emaillierten oder irdenen Gefäß
in kaltem Wasser auf. Geben Sie die Umeboshi hinzu und bringen Sie
alles bei mittlerer Hitze und unter ständigem Rühren zum Köcheln.
Sobald sich Blasen bilden, verringern Sie die Hitze und rühren weiter,
bis die Creme dick und glasig geworden ist. Lassen Sie sie noch ein bis
zwei Minuten lang weiter köcheln und nehmen Sie sie dann vom
Herd. Abgeschmeckt wird mit Ingwer und Shoyu.
   Diese Creme hilft bei Verdauungsproblemen, Darmentzündungen,
Durchfall und ähnlichen Beschwerden und wird am besten eine
Stunde vor den Mahlzeiten oder morgens zum Frühstück eingenom-
men.

Miso ist ein fermentiertes Sojaprodukt mit geradezu magischer Wirkung. Es enthält neben wichtigen Bakterien für den Darm, Vitaminen,
Mineralien und Enzymen auch ein Alkaloid namens Dipikolonsäure,
welches Schwermetalle, zum Beispiel radioaktives Strontium, bindet
und aus dem Körper abführt.
   Umeboshi-Aprikosen: Die kleinen teuflisch eingelegten Früchte haben einen extrem salzig-säuerlich-fruchtigen Geschmack, und es gelingt nicht jedem, sie zu schlucken, ohne das Gesicht zu verziehen.
Robbie Swinnerton, ein britischer Journalist und annerkannter Fach-
mann für die japanische Naturküche, hat die Umeboshi „als das kuli-
narische Äquivalent zu einer kalten Dusche" bezeichnet. Es lohnt sich
aber, sich einen Ruck zu geben. Umeboshis neutralisieren Übersäue-
rungszustände im Darm wie im Blut, alkalisieren also den Körper und
wirken gegen Müdigkeit. Sie sind bakterizid (Umeboshis wurden in
Japan als Typhus-Prophylaxe verwendet) und entgiftend. Eine Umeboshi wirkt Wunder bei einem ausgewachsenen Kater.

LUNGEN-MERIDIAN –
ENTSPRECHUNGSTABELLE

Anfangspunkt des Meridians	unterhalb der Schlüsselbeine direkt vor den Schultergelenken
Endpunkt des Meridians	innere (zur Körpermitte hin) Nagelfalzwinkel der Daumen
Neuro-lymphatische Punkte vorn	links und rechts des Brustbeins zwischen 3. und 4. Rippe und links und rechts des Brustbeins zwischen 4. und 5. Rippe
Neuro-lymphatische Punkte hinten	links und rechts der Wirbelsäule zwischen 3. und 4. Brustwirbel und links und rechts der Wirbelsäule zwischen 4. und 5. Brustwirbel
Neuro-vaskulärer Punkt	auf der Fontanelle
Element	Metall / Yin
Farbe	Weiß
Maximalzeit	3.00 bis 5.00 Uhr
Jahreszeit	Herbst
Klima	trocken
Geschmack	scharf
Geruch	muffig, abgestanden, verrottet
Körpergewebe	Haut
Sinnesorgan	Nase
Stimmhafter Ausdruck	Weinen
Körperflüssigkeit	Schleim
Psychische Faktoren	Trauer, Kummer, Kommunikation, (angemessene) Abgrenzung, Ordnungssinn, Bedürfnis nach Strukturen, Sinn für Rhythmus
Positive Denkmuster	Ich kommuniziere leicht mit meiner Umwelt. Alles in meinem Leben ordnet sich bestens für mich. Ich lerne von der Weisheit anderer. Ich kann Verluste annehmen, trauern und weitergehen.

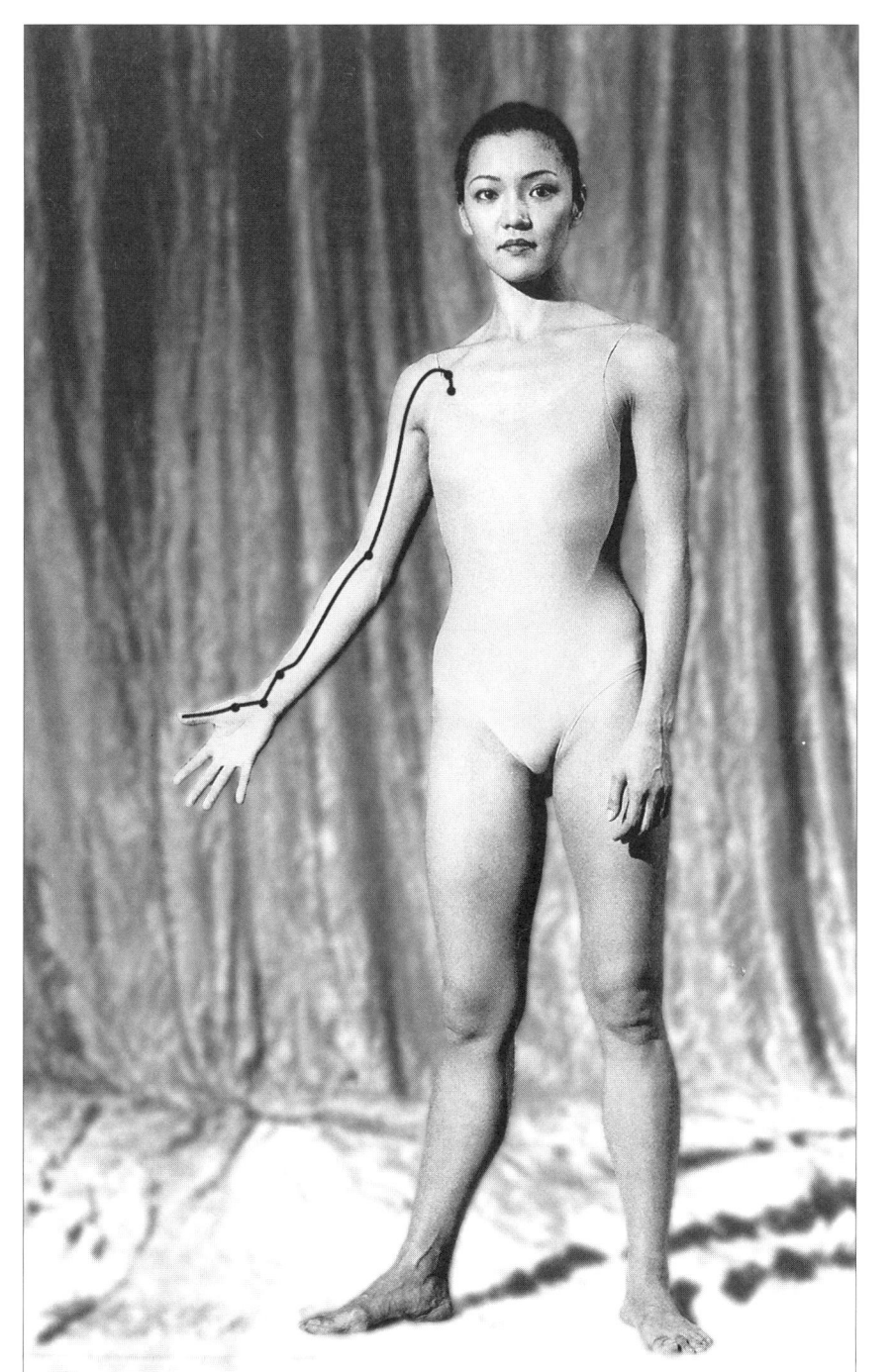

Ich kommuniziere leicht mit meiner Umwelt.

Genausogut könnten wir hier sagen: „Ich atme frei" oder „Ich nehme gern Informationen auf und gebe gern Informationen weiter." Kommunikation bedeutet immer Geben und Nehmen, aufmerksam Zuhören und Sich-mit-teilen. Kommunikation kann verbal oder nonverbal stattfinden, sie kann inhaltlich oberflächlich sein oder „bedeutungsschwer" oder einfach nur authentisch. Ich bezeichne Kommunikation als authentisch, wenn wir kommunizieren, ohne eine Rolle zu spielen, wenn wir einfach nur als die Person kommunizieren, die wir sind, sowohl mit unserer Vernunft als auch mit unseren Gefühlen, eben mit unserem ganzen Wesen.

Das bedeutet nicht, daß wir unseren Gegenüber „vollschwallen" (Quantität statt Qualität), aber das wird ohnehin nicht passieren, wenn wir aufmerksam zuhören. Kommunikation ohne Respekt vor dem Gegenüber ist praktisch unmöglich, denn sie wäre eine Art Selbstgespräch. Und Respekt vor dem Gegenüber bedeutet: Ich akzeptiere dich, so wie du bist, mit all deinen ganz persönlichen Merkmalen. Ich maße mir nicht an, dich zu beurteilen oder gar zu verurteilen.

Sie sehen schon, daß sich hinter diesem sehr einfachen Denkmuster eine sehr anspruchsvolle Kunst verbirgt.

Alles in meinem Leben ordnet sich bestens für mich.

Hier gilt das gleiche, was wir zu den Denkmustern „Ich überlasse mich dem Rhythmus des Lebens" und „Ich vertraue auf die Grundordnung der Natur" (Seite 55) gesagt haben.

Ich lerne von der Weisheit anderer.

Eine qualitativ gute Kommunikation geht immer mit einer guten Portion Bescheidenheit einher. Wenn wir aufmerksam und respektvoll zuhören und uns in unser Gegenüber einfühlen, haben wir die Chance, viel von dem anderen zu lernen. Sind wir hingegen sehr von uns selbst und unseren Überzeugungen eingenommen, fällt es uns schwer zu bemerken, wie weise, kostbar oder lehrreich die Botschaft unseres Gesprächspartners ist.

Ich kann Verluste annehmen, trauern und weitergehen.

Es gibt Situationen im Leben, die so schmerzhaft sind, daß wir ganz schnell versuchen, sie zu vergessen, zu ignorieren oder zu verdrängen, weil wir Angst haben, von diesen negativen Emotionen überwältigt zu werden. Doch wann immer wir dies tun, errichten wir eine Art Staudamm, eine Blockade für die Lebensenergie in uns. Das kann zur Folge haben, daß andere Emotionen ebenfalls lahmgelegt werden und wir in einen Zustand der Depression verfallen oder körperlich krank werden (Asthma, chronische Bronchitis, chronische Hauterkrankungen u.a.).

Trauer ist ein natürlicher emotionaler Prozeß. Dieser Prozeß ist an sich nicht destruktiv. Er nimmt aber destruktive Formen an, wenn er zu einem chronischen Zustand wird. Normalerweise entstehen Emotionen schnell, als Reaktionen unserer Seele auf Reize und Situationen verschiedenster Art. Emotionen sind mächtige Energien, aber sie sind auch sehr vergänglich.

Mein tibetischer Lehrer benutzt folgende Allegorie, um den Unterschied zwischen Gefühlen und Emotionen deutlich zu machen: Stellen Sie sich einen großen See vor. Die Oberfläche dieses Sees ist sehr veränderlich, je nachdem, was sich in ihr widerspiegelt (der Mond, Vögel, Bäume), oder ob Wind und Regen sie berühren. In der Tiefe verändert sich der See jedoch nicht. Die Oberfläche steht für unsere Emotionen, während die Tiefe des Sees unsere Gefühle symbolisiert, aber beide sind eins.

Warum also sollten wir Angst vor diesen veränderlichen Erscheinungen haben, wenn wir tief in uns wissen, daß sie bald wieder vergehen? Indem wir unsere Trauer leben, erweisen wir dem, was wir vermissen, Ehre. Aber dann sollten wir unsere Trauer gehen lassen und uns wieder dem Leben zuwenden.

STÖRUNGEN DES ENERGIEFLUSSES IM LUNGEN-MERIDIAN

Ein Zuviel (ein Stau) an Energie zeigt sich in:
Bronchitis (akut) mit starker Schleimbildung,
akuten Entzündungen der oberen Luftwege,
Schleimhautschwellungen,
Nasenverstopfung,
Hautreaktionen oder Erkrankungen mit schnellem Verlauf,
Schweißausbrüchen,
genereller Neigung zu schwitzen,
Wärme und Kälte-Empfindlichkeit,
krampfartigen Hustenanfällen,
nervöser Reizbarkeit,
Geschwätzigkeit,
Neigung, sich schnell über Kleinigkeiten aufzuregen und
    sich in einem Thema festzubeißen,
Tendenz zu symbiotischen Beziehungen oder Neigung,
    sich zu stark von der Umwelt abzugrenzen.

Ein Mangel an Energie zeigt sich in:
Atembeschwerden,
Dauerhusten, chronischer Bronchitis,
Bronchialasthma,
Trockenheit der Haut und der Schleimhäute,
Tränenfluß,
Erschöpfungserscheinungen,
Kraftlosigkeit in den oberen Extremitäten, vor allem in den Daumen,
häufigen Erkältungen (wegen Anfälligkeit der Schleimhäute),
dumpfem Gefühl im Kopf (Blutandrang),
Lustlosigkeit,
Hoffnungslosigkeit,
Gemütsschwere,
Kummer,
Melancholie bis hin zur Depression,
Resignation.

64

Manche Symptome können sowohl bei Energiemangel als auch bei einem Energiestau auftreten.

Ausgeglichener Zustand:
Kontaktfreudigkeit,
angemessene Abgrenzung von der Umwelt,
harmonischer Austausch (Gleichgewicht zwischen Geben und
  Nehmen),
Intuition,
natürlich tiefe Atmung,
gute Lungenkapazität.

QI GONG-ÜBUNG FÜR DEN LUNGEN-MERIDIAN

Setzen Sie sich bequem hin, aber achten Sie darauf, daß Ihre Wirbelsäule aufrecht ist. Wenn Sie auf einem Stuhl sitzen, stellen Sie beide Fußsohlen flach auf den Boden. Um zur Ruhe zu kommen, nehmen Sie zunächst drei bis fünf tiefe Atemzüge: ein, aus – ein, aus – ein, aus...

Drücken Sie die Zunge hinter den oberen Schneidezähnen an den Gaumen und legen Sie die rechte Hand auf die Stelle, wo sich die Verbindungslinie zwischen den Brustwarzen und die Mittellinie des Brustbeins kreuzen. Legen Sie nun die linke Hand auf die rechte und atmen Sie ein. Beim Ausatmen bilden Sie den Laut SHÖ. Wiederholen Sie dies dreimal. Schließen Sie dann die Augen und visualisieren Sie Ihre Lungen in weißem Licht. Stellen Sie sich bildlich vor, wie Ihre Lungen ganz von weißem Licht durchdrungen sind. Lächeln Sie Ihren Lungen zu. Bedanken Sie sich dafür, daß Sie durch die Tätigkeit Ihrer Lungen permanent mit der Außenwelt, mit dem ganzen Universum, in Verbindung stehen und in Kommunikation sind.

ERNÄHRUNG ZUR HARMONISIERUNG DES LUNGEN-MERIDIANS

Geeignet sind folgende Nahrungsmittel:
Sonnenblumenkerne
Azukibohnen
Mungbohnen
Buchweizenmehl
Fenchel
Frühlingszwiebeln
Soja- und Weizensprossen
Karotten
Kohl, auch Chinakohl
Auberginen
Gurken
Löwenzahn
Pinienkerne
Tofu
Taubenfleisch
Schalentiere
Butter, Sahne, Joghurt und Kefir *
Sesamöl
Sojaöl
Koriander

---

* Milchprodukte, Brot und Mehlerzeugnisse im allgemeinen erzeugen viel Schleim im
Körper. Es ist auch zu bedenken, daß viele Menschen eine Milcheiweiß-Allergie
oder eine Milchprodukte-Unverträglichkeit aufgrund eines Enzymmangels haben.
Aus diesen Gründen ist es ratsam, sehr sparsam und bewußt mit Milchprodukten
umzugehen.

Rezept für den Trank der drei Bohnenarten des Bian Que

12 Gramm Mungbohnen, 12 Gramm Azukibohnen und 12 Gramm schwarze Sojabohnen werden über Nacht in Wasser eingeweicht. Nachdem das Einweichwasser abgegossen wurde, werden die Bohnen mit 3 Gramm Süßholzwurzel (Licorice) und Wasser gekocht, bis sie weich sind.

Von den Bohnen ißt man zwei Portionen pro Tag, dazu wird das Kochwasser getrunken. Dieses Getränk wirkt entgiftend, abschwellend und antidepressiv.

Speziell für die Lungen und bei Atemwegserkrankungen besonders empfehlenswert:
Frühlingszwiebeln
Lotoswurzel (auch als Tee)
Chinakohl
Ingwer
Rettich (wirkt schleimlösend)
gekeimte schwarze Sojabohnen

Bei Husten und Stimmverlust:
Saft aus Rettich und Ingwer
Umeboshi-Aprikose

Bei trockenem Husten:
Erdnußmilch mit Mandeln und Sojabohnen
Erdnüsse, süße Mandeln und gelbe Sojabohnen werden zu gleichen Teilen in einem Mörser zerstossen, bis eine Art Mus entsteht. Von dieser Mischung werden jeweils 10 Gramm mit Reismalz abgeschmeckt und in heißem Wasser aufgelöst eingenommen.

Abkochung aus Chinakohl, Ingwer und Frühlingszwiebeln
120 Gramm Chinakohl, mit Wurzeln in Streifen geschnitten, 10 Gramm frischer Ingwer und 10 Gramm Frühlingszwiebeln werden zusammen in Wasser gekocht und wie eine Suppe gegessen. Diese Abkochung kann auch vorbeugend eingenommen werden.

DAS ELEMENT WASSER
BLASEN- UND NIERENMERIDIAN

Wenn ich das Wasser schöpfe,
ist der Mond in meiner Hand.
Zen Koan

„Das Wesen des Wassers ist das Sinken nach unten, seine Kraft ist vertikal abwärts gerichtet zum Mittelpunkt der Erde. Während die Kraft des Feuers nach oben, in den Himmel weist, zieht das Wasser uns in die Tiefe." (Achim Eckert) Für mich ist Wasser geheim, versteckt und sehr subtil, aber auch kraftvoll. Es ist reinigend, erfrischend, ernährend und erneuernd, aber auch auflösend.

Unser Körper besteht zu etwa 65 Prozent aus Wasser, ohne das alle Körperfunktionen zum Stillstand kommen würden. „Der Mensch ist ein Behälter, den das Wasser erfunden hat, um auf dem Land spazierengehen zu können." Wie Deane Juhan in ihrem Buch *Körperarbeit* erklärt, sind die ersten lebenden Urzellen im Meerwasser entstanden, in jener Ursuppe, in der alle wichtigen Nähr- und Aufbaustoffen enthalten waren. „Die Flüssigkeit, die unsere eigenen Zellen bis in den letzten Winkel umspült, setzt sich auch heute noch aus jenen Grundelementen, Salzen und Kohlenstoffverbindungen (die organischen Bausteine) zusammen, die sich im Meer finden. Eigentlich, haben wir das Meer noch gar nicht verlassen." Alle unsere Körperfunktionen tragen dazu bei, die lebensfördernden Eigenschaften des „inneren Ozeans" zu unterstützen und aufrechtzuerhalten: Das Herz und der Blutkreislauf halten das Blut in Bewegung, das Lymphsystem drainiert die Körpergewebe, der Dickdarm filtert das Wasser aus der Nahrung, die Leber neutralisiert Gifte, die das System belasten, und so weiter.

Brunnen, Quelle, Wasserfall, Bach, Fluß, See, Meer, aber auch Sumpf stehen für verschiedene Zustände des Elements Wasser, und über diese Bilder gelingt es uns vielleicht, mehr über das Wesen des Wassers in Erfahrung zu bringen. Die Tiefe des Meeres oder eines Sees kann heftige Angstzustände auslösen. Diese Tiefe ist in unserer Vorstellung und auch in der Realität mit absoluter Finsternis verbunden und kann von unserer Einbildungskraft mit allen möglichen Schreckgestalten bevölkert werden. Das geschieht vor allem dann, wenn das Element Wasser in uns nicht im Gleichgewicht ist, denn Angst ist die Emotion, die diesem Element zugeordnet wird. Angst ist nicht grundsätzlich negativ, sondern war ursprünglich eine für unseren Selbstschutz sehr nützliche Emotion. Losgelöst von dieser wichtigen Funktion ist Angst jedoch sehr lästig und sogar destruktiv.

Das Element Wasser wurde oft sowohl mit dem individuellen als auch mit dem kollektiven Unbewußten in Verbindung gebracht. Dieses formlose, bewegliche, sehr veränderliche, tiefe und kraftvolle Element, aus dem alles Leben hervorgegangen ist, entspricht in vieler Hinsicht der menschlichen Psyche.

Alles Leben auf diesem Planeten hat sich aus Einzellern entwickelt, die in den Tiefen der Meere lebten. Als Embryos leben wir von und im Fruchtwasser, in einer Art ursprünglichem Paradies, geschützt vor Gefahren und sanft hin und her gewiegt. Aber das Leben gedeiht am besten und bringt noch schönere und komplexere Formen hervor, wenn sich Wasser *und* Licht zu seiner Gestaltung zusammentun.

Wasser ist auch Bewegung. Wenn wir uns wie gelähmt fühlen und das Gefühl haben, daß nichts mehr vorwärts geht, kann uns die Nähe eines Bergbachs oder eines Wasserfalls helfen, die Starre in unserem Geist aufzulösen. Im tibetischen Buddhismus wird das Element Wasser mit der „alles spiegelnden Weisheit" oder der „spiegelgleichen Weisheit" in Verbindung gebracht. Die Erfahrung von tiefer Ruhe und unbegrenzter Weite, die man in der Meditation machen kann, wird oft mit einem großen, klaren und friedlichen See verglichen. An seiner Oberfläche zeigt sich wenig Bewegung, obwohl sie nicht fest oder starr ist, und obwohl man bis auf den Grund schauen kann, ist der See sehr tief.

Wasser hilft Materie, Formen, aufzubauen und wieder aufzulösen und ist damit ein Symbol für konzentrierte Lebenskraft. Wasser ist aber auch ein Speicher für Informationen, die den Fortbestand des Lebens garantieren, ähnlich wie das Samenkorn, in das sich die Lebenskraft zusammengeballt zurückzieht, um den Winter zu überstehen.

Die Farbe Schwarz oder Dunkelblau wird traditionell dem Element Wasser zugeordnet und weist sowohl auf die Tiefe von Gewässern als auch auf die gerade erwähnte konzentrierte Lebenskraft hin. Der faulige Geruch, der in der Diagnostik der Traditionellen Chinesischen Medizin auf Störungen in den Funktionskreisen Blase oder Niere hinweist, ist der Geruch stehenden Wassers, der Geruch der Auflösung.

Die Knochen und das Zentralnervensystem werden allgemein dem Element Wasser zugeordnet. Wie Sie auf der Abbildung Seite 73 sehen können, verläuft der Blasen-Meridian genau dort, wo sich im Schutz der Knochenhülle das Gehirn und das Rückenmark befinden. Im Rücken und an den Rückseiten der Beine wohnt unsere Antriebskraft, die Energie, die uns vorwärts treibt.

Unseren beiden Nieren werden in der Traditionellen Chinesischen Medizin zwei verschiedene Funktionen zugeordnet. Die linke Niere, auch Yin-Niere genannt, herrscht über das genetische Erbe und über alle Yin-Energien (und Yin-Organe). Sie wird völlig dem Element Wasser zugeordnet und beherbergt die Essenz, das Jing, das heißt unsere Vitalität. Der Zustand unserer Knochen, des Knochenmarks und der Zähne zeigt uns sehr genau, wie es um diese Vitalität bestellt ist.

Die rechte Niere, auch Yang-Feuer-Niere genannt, regiert über die Funktion aller Drüsen, von der Hypophyse angefangen bis zu den Keimdrüsen, und bildet somit die Grundlage für die Yang-Energien (Aktivitäten) in unserem Körper-Geist-System. Die Yang-Niere trägt ebenfalls zur Erwärmung unseres Organismus bei. Unsere sexuelle Energie oder die Ausprägung unserer Libido hängt von ihrem Zustand beziehungsweise von einer harmonischen Funktion und von der Stärke beider Nieren ab.

Der Nachmittag von 15.00 bis 19.00 Uhr ist die Tageszeit des Elements Wasser, zuerst des Blasen-Funktionskreises und zwei Stunden später des Nieren-Funktionskreises. Es ist eine gute Zeit zum Arbeiten. Wenn unsere Wasser-Energie schwach ist, werden wir allerdings über soviel Arbeit stöhnen. Dieses Stöhnen ist der hörbare Ausdruck von Menschen, bei denen ein Ungleichgewicht im Element Wasser vorliegt. Schlafen erweist sich dann als die beste Medizin.

BLASEN-MERIDIAN-
ENTSPRECHUNGSTABELLE

Anfangspunkt des Meridians	im Winkel zwischen Nasenwurzel und Augenhöhle
Endpunkt des Meridians	äußere Nagelfalzwinkel (vom Körper weg) der kleinen Zehen
Neuro-lymphatische Punkte vorn	jeweils zwei Zentimeter oberhalb und links und rechts des Nabels und am oberen Schambeinrand
Neuro-lymphatische Punkte hinten	jeweils zwei Zentimeter links und rechts der Wirbelsäule auf Höhe des 5. Lendenwirbels
Neuro-vaskuläre Punkte	auf den Stirnbeinhöckern und links und rechts der Glabella
Element	Wasser / Yang
Farbe	Schwarz, Dunkelblau
Maximalzeit	15.00 bis 17.00 Uhr
Jahreszeit	Winter
Klima	kalt
Geschmack	salzig
Geruch	faulig
Körpergewebe	Knochen
Andere Körperbereiche	Blase, Zähne, Zentralnervensystem
Sinnesorgan	Ohren
Stimmhafter Ausdruck	Stöhnen
Körperflüssigkeit	Speichel
Psychische Faktoren	Ehrgeiz, Zielbewußtsein, Geduld, Ausdauer, leistungsorientiertes Denken, Antrieb und Tatkraft, Neigung zu Zwanghaftigkeit, Urvertrauen und Treue
Positive Denkmuster	Ich bestimme selbst über mein Leben. Ich habe alle Zeit, die ich brauche, und setze meine Kraft maßvoll ein. Ich bin fähig, meine Ziele zu erreichen. Ich gehe aktiv und zielstrebig durch mein Leben.

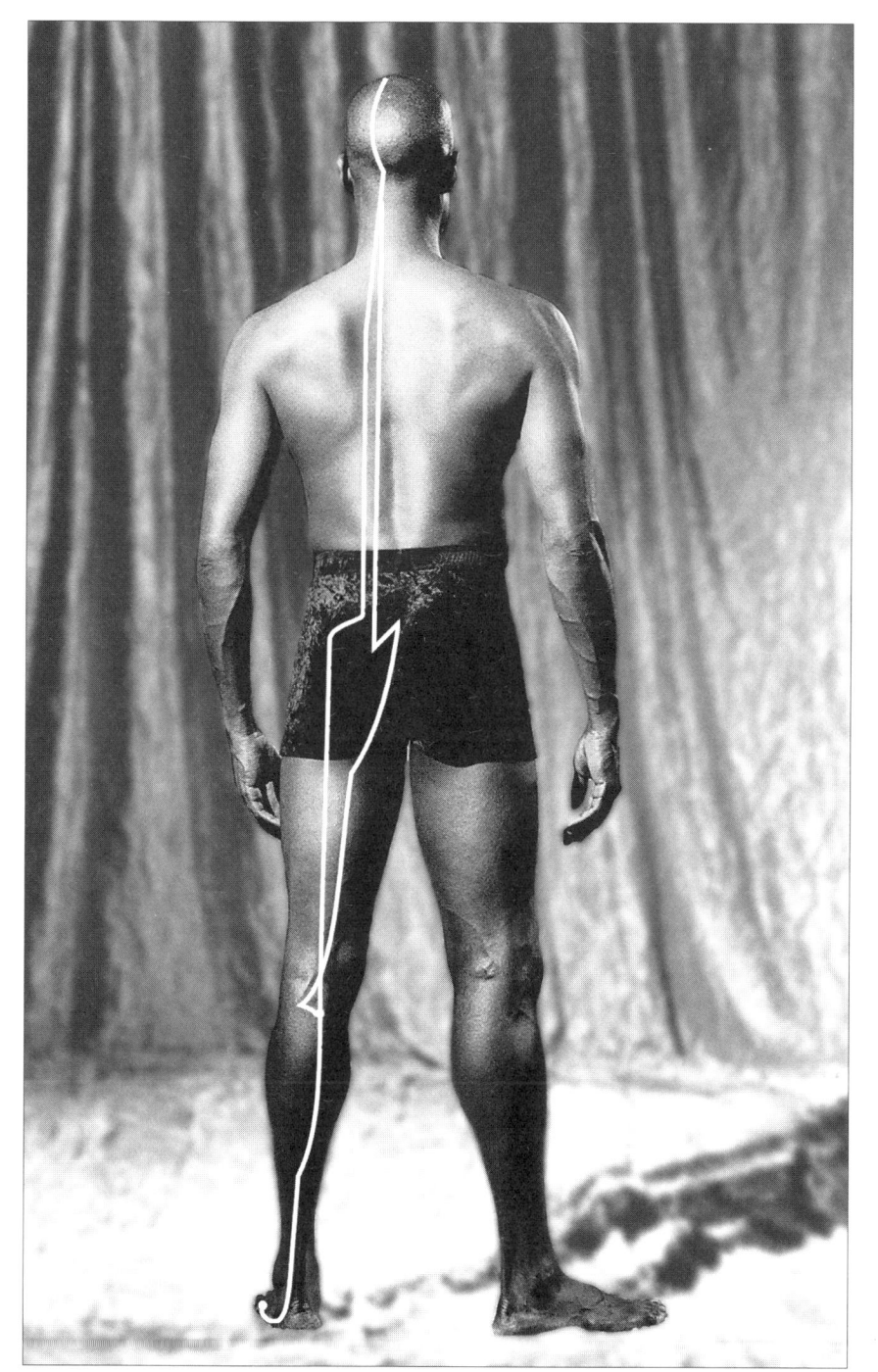

Ich bestimme selbst über mein Leben.

Im Yang-Aspekt des Elements Wasser wurzelt unsere Willenskraft. „Eigen-willig" zu sein ist zweifellos ein Zeichen von Stärke. Wenn wir jedoch so eigenwillig sind, daß wir unsere Mitmenschen wie ein Panzer überrollen und rücksichtslos versuchen unseren Kopf durchzusetzen, ist das ein Zeichen für einen Zustand der „Fülle" im Blasen-Meridian, für ein „Zuviel" an Energie. Das erste positive Denkmuster spiegelt also einen harmonischen Zustand der Energie im Blasen-Meridian wider, der uns in die Lage versetzt, unser Leben selbst in die Hand zu nehmen und zu bestimmen, in welche Richtung es sich entwickeln soll, der uns aber nicht davon abhält, respektvoll mit unseren Mitmenschen umgehen.

Ich habe alle Zeit, die ich brauche, und setze meine Kraft maßvoll ein.

Eile und Zeitdruck, in einem Wort Streß, kosten uns viel Nervenkraft beziehungsweise Energie. Eine wichtige Regel im Umgang mit der eigenen Kraft heißt, sich nicht drängen zu lassen, konzentriert aber nicht gehetzt zu arbeiten. Es mag paradox klingen, aber sich Zeit zu nehmen, bedeutet meist, daß man am Ende Zeit gespart hat. Die Qualität der Leistung wird dadurch allemal erhöht.

Ich bin fähig, meine Ziele zu erreichen.

Existentielle Ängste gehören zum Element Wasser. Zu diesen Ängsten gehört auch die Angst vor dem Versagen. Sie resultiert weniger aus einem Mangel an Selbstvertrauen als aus einem Mangel an Energie. Man fühlt sich einfach schlapp und nicht in der Lage, die nötige Kraft aufzubringen. Dagegen hilft nicht nur eine positive Affirmation. Zusätzlich müssen wir mit anderen Mitteln versuchen, unser Energieniveau anzuheben (die richtige Ernährung, viel Schlaf, genügend Ruhepausen, weniger sexuelle Aktivität, Qi Gong-Übungen und so weiter).

Ich gehe aktiv und zielstrebig durch mein Leben.

Dieses positive Denkmuster wirkt unterstützend, wenn die Energie des Blasen-Meridians schwach ist, aber es müssen zusätzlich noch andere Maßnahmen getroffen werden, um das Energieniveau anzuheben. Viele Meditationstechniken wirken unterstützend, wenn es darum geht, Energie zu entwickeln und zu fokussieren, aber auch viele Sportarten können in diesem Geiste praktiziert werden.

STÖRUNGEN DES ENERGIEFLUSSES IM BLASEN-MERIDIAN

Ein Zuviel (ein Stau) an Energie zeigt sich in:
häufigem Drang zu urinieren, aber Retention oder Schwierigkeiten
  (Schmerzen, Blut im Urin u.a.) dabei,
Krämpfe im Unterbauch oder in den Beinen (Rückseite),
Steifheit im Rücken und in den Rückseiten der Beine,
Kreuzschmerzen,
Schlafstörungen,
Eifersucht, Mißtrauen,
Paranoia.

Ein Mangel an Energie zeigt sich in:
häufigem Urinieren, Inkontinenz,
mangelnder Durchblutung im Bauchraum und in den unteren
  Gliedmaßen,
Kältegefühl und chronische Schmerzen im unteren Rücken,
u.U. Nachtschweiß,
schwachen Nerven (man regt sich wegen jeder Kleinigkeit auf),
Migräne im Hinterkopf,
Druckgefühl in den Augen,
Gebärmutterbeschwerden,
Müdigkeit, Schlafstörungen,
Angstzustände (existentielle Angst), Phobien.

Ausgeglichener Zustand:
unerschütterliches Vertrauen in das Leben,
starke Willenskraft, Zielbewußtsein,
Ausdauer, Geduld.

DEHNÜBUNG FÜR DEN BLASEN-MERIDIAN

Setzen Sie sich auf den Boden und strecken Sie beide Beine nach vorn aus. Stellen Sie nun beide Füße auf, so daß die Rückseiten der Waden und Oberschenkel spürbar gedehnt werden. Heben Sie dann mit dem Einatmen beide Arme über den Kopf, wobei Sie die Finger beider Hände ineinander verschränken. Die Handflächen zeigen nach oben. Strecken Sie dabei den Rücken.

Mit dem Ausatmen beugen Sie sich nach vorn, bis Ihre Finger die Zehen erreichen. Mit jeden weiteren Ausatmen bewegen Sie sich ein Stück weiter nach vorn, bis Sie Ihre Grenze erreicht haben.

Bleiben Sie drei Atemzüge lang in dieser Position (Sie dürfen dabei mit beiden Händen Ihre Zehen umgreifen), bevor Sie sich langsam wieder aufrichten. Wiederholen Sie diese Übung mindestens dreimal.

ERNÄHRUNG ZUR HARMONISIERUNG DES BLASEN-MERIDIANS

Wichtiger Hinweis: Erkrankungen des Urogenitalsystems sind immer ernst zu nehmen und dürfen nicht auf die leichte Schulter genommen werden. Bei Blasenentzündungen besteht zum Beispiel immer das Risiko, daß auch die Nieren beteiligt sind. Wenn dann erst verspätet oder unangemessen therapiert wird, kann dies zu schweren oder sogar irreparablen Schäden führen.

Empfohlene Nahrungsmittel bei Inkontinenz:
Walnußkerne, Lauch
gebratene Walnüsse mit Lauch (Sesamöl verwenden!)
Shiitake-Pilze*
Zimt
Hirsch-, Ziegen- und Schaffleisch
Fasan, Huhn, Hühnerleber

Bei Blasenschwäche allgemein:
Mais in jeder Form
Maisbarttee
Yamswurzel
Azukibohnen, Saubohnen
Rinderbrühe
Sojamilch
Tofu
Buchweizen, Gerste, Weizen
Lotoswurzel
in Honig gerösteter Rettich
Kürbis
alle Kohlsorten, alle Melonensorten
Grüner Tee, Bancha-Tee, Kukishazweig-Tee

Bei Blasenentzündung:
Rezept: Sechs Teile Talcum und ein Teil geröstete Süßholzwurzel werden in Sojamilch gegeben und getrunken.
Zum Spülen empfiehlt sich Heidekrauttee oder Solidago (Goldrute)-Tee. Außerdem sollten pro Tag mindestens anderthalb Liter Wasser ohne Kohlensäue getrunken werden.

---

* Es gibt zwei Sorten Shiitake-Pilze, die medizinische Sorte ist in gut sortierten Spezialgeschäfte für asiatische Lebnsmittel und in Naturkostläden erhältlich. Shiitake-Pilze enthalten alle acht Aminosäuren in einer idealen Kombination und darüber hinaus viel Lysin, alle Vitamine der B-Gruppe, einschließlich Vitamin B 12, sowie andere, zur Zeit noch nicht hinreichend erforschte heilende Substanzen.

NIEREN-MERIDIAN-
ENTSPRECHUNGSTABELLE

Anfangspunkt des Meridians	im Fuß, genau unterhalb der Fußballen
Endpunkt des Meridians	unterhalb des Schlüsselbeins, in zwei Kuhlen rechts und links vom Brustbein
Neuro-lymphatische Punkte vorn	jeweils zwei Zentimeter links und rechts des Nabels
Neuro-lymphatische Punkte hinten	links und rechts der Wirbelsäule zwischen dem 12. Brustwirbel und dem 1. Lendenwirbel
Neuro-vaskuläre Punkte	auf den Hinterhaupthöckern
Element	Wasser / Yin
Farbe	Schwarz, Dunkelblau
Maximalzeit	17.00 bis 19.00 Uhr
Jahreszeit	Winter
Klima	kalt
Geschmack	salzig
Geruch	faulig
Körpergewebe	Knochen, Knochenmark
Andere Körperbereiche	Nieren, Nebennieren, Zähne
Sinnesorgan	Ohren
Köperflüssigkeit	Speichel
Psychische Faktoren	Angst (existentielle Angst), Furcht, aber auch Urvertrauen oder Gottvertrauen, Überlebens- und Todestrieb (Eros und Thanatos), wichtige Körperfunktion: Libido
Positive Denkmuster	Ich fühle mich sexuell kraftvoll. Ich akzeptiere die Vergänglichkeit meines Körpers und vertraue auf die Beständigkeit meines inneren Wesens. Ich pflege und bewahre meine kostbare Lebenskraft. Ich bin voller Energie.

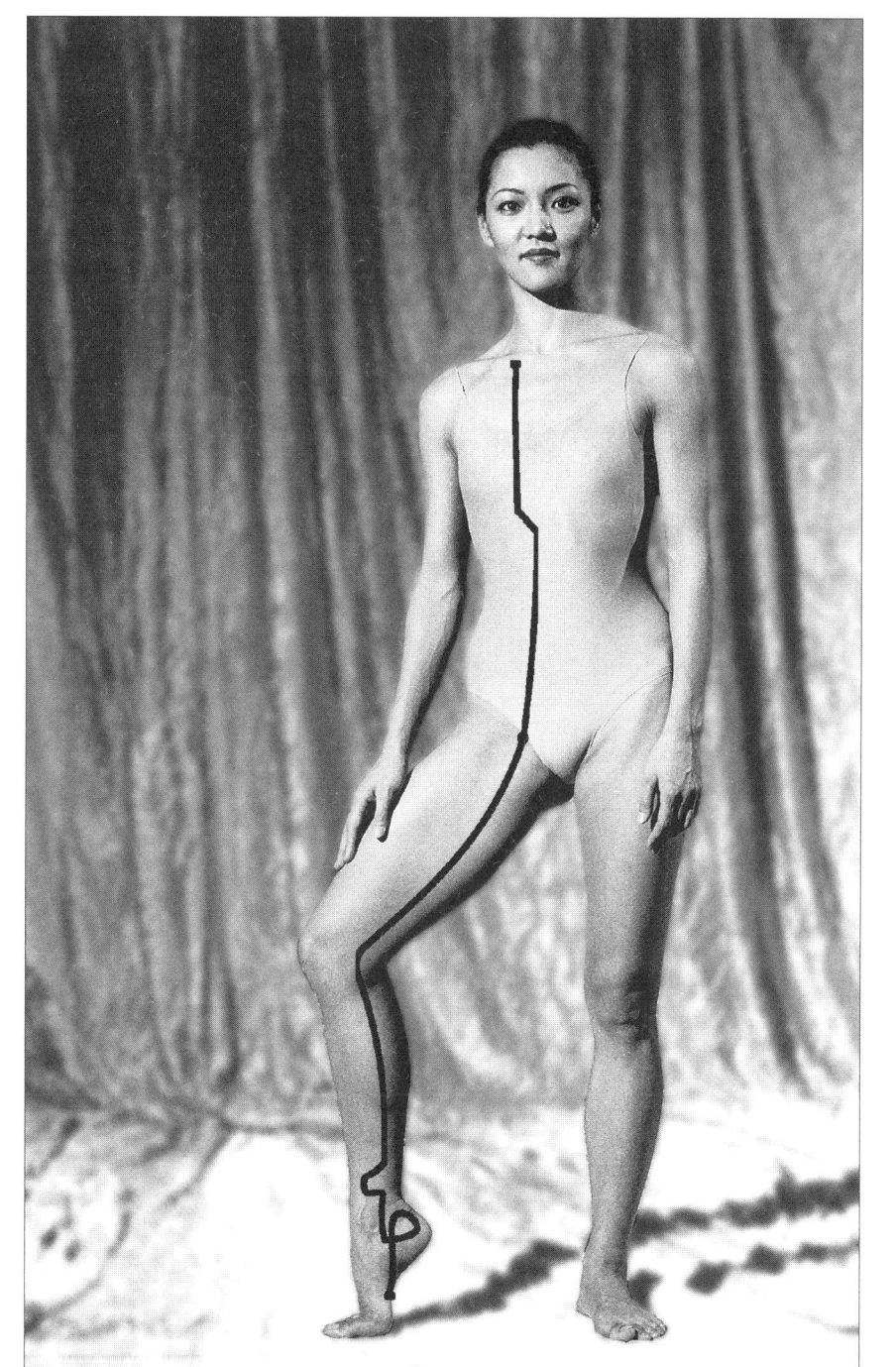

Ich fühle mich sexuell kraftvoll.
Ich bin voller Energie.

Natürlich genügen diese beiden positiven Denkmuster nicht, um sexuelle Potenz und sprühende Energie zu verleihen. Ähnlich wie bei den Affirmationen für den Blasen-Meridian sind zusätzliche Maßnahmen nötig, um das anvisierte Ziel zu erreichen. Es gibt aber Menschen, die durchaus über genügend Energie und eine starke Libido verfügen, aber aus verschiedenen Gründen nicht an dieses Potential herankommen oder Angst davor haben. In solchen Fällen kann körperorientierte Psychotherapie nützlich sein. Im dritten Teil dieses Buches finden Sie passende kinesiologische Übungen.

Ich akzeptiere die Vergänglichkeit meines Körpers und vertraue auf die Beständigkeit meines inneren Wesens.

Die Ur-Angst vor dem Tod soll der Überlieferung nach in der linken Niere wohnen, während der Überlebenstrieb in der rechten Niere beheimatet ist. Das Wissen um die Vergänglichkeit der Materie und das Alterungsprogramm des Körpers sind in jeder einzelnen Körperzelle gespeichert. Das genetische Erbe im Zellkern wird ebenfalls mit dem Element Wasser beziehungsweise mit dem Nieren-Funktionskreis in Verbindung gebracht.

Der Tod und die Kontinuität des Lebens existieren nach dem Yin/Yang-Prinzip nebeneinander, in ähnlicher Weise, wie die Nacht dem Tag folgt. So betrachtet ist das Phänomen, das wir „Tod" nennen, niemals ein statischer Zustand und das Ende von allem. Es ist zwar das Ende eines bestimmten Zustands, einer Phase, eines Abschnitts in der materiellen Welt, aber es sollte eher als Übergang denn als Ende bezeichnet werden. Der Tod markiert eine gründliche materielle Verwandlung, die Verwandlung von einem energetischen Zustand in einen anderen. Wir wissen nicht oder zumindest nicht mit Sicherheit, was nach dem Tod mit unserem Geist oder unserer Seele geschieht. Aber auch wenn wir nicht an Wiedergeburt glauben, können wir auf unserem ganz persönlichen spirituellem Weg eine mehr oder weniger starke Einsicht in die unzerstörbare, wahre (göttliche) Natur unseres Geistes gewinnen, jenen Diamanten, von dem im Zusammenhang mit dem Element Metall bereits die Rede war und der von dem chinesischen Weisen Chu Hsi als „die liebliche Perle" bezeichnet wird.

STÖRUNGEN DES ENERGIEFLUSSES IM NIEREN-MERIDIAN

Ein Zuviel (ein Stau) an Energie zeigt sich in:
großem Durst,
konzentriertem, dunklem Urin, auch Blut im Urin,
Nasenbluten,
Ohrensausen,
bitterem Geschmack im Mund,
Halsentzündungen,
Verspannungen im Lendenwirbelbereich,
Hormonsekretionsstörungen,
übermäßigem Sexualtrieb,
Arbeitswut,
Ruhelosigkeit.

Ein Mangel an Energie zeigt sich in:
langandauernder Müdigkeit und Erschöpfung über Wochen
   und Monate hinweg (ein sicheres Zeichen),
Schmerzen im Lendenwirbelbereich,
schlechter Durchblutung des unteren Bauchbereichs und des
   unteren Rückens,
sexueller Unlust,
Osteoporose oder schwachen Knochen,
Blutbildungerkrankungen,
Rastlosigkeit und Schlafstörungen,
Willensschwäche,
Ungeduld,
Furcht,
Apathie.

Ausgeglichener Zustand:
ausgewogener Einsatz der Kräfte,
harmonisches Sexualleben,
starke, widerstandsfähige Grundkonstitution.

Ganz allgemein kann der Nieren-Meridian durch genügend Schlaf gestärkt werden. Wenn ein ausgeprägter Energiemangel im Nieren-Meridian vorliegt, sollte die sexuelle Aktivität verringert werden.

QI GONG-ÜBUNG FÜR DEN NIEREN-MERIDIAN

Setzen Sie sich bequem hin, aber achten Sie darauf, daß Ihre Wirbelsäule gerade ist. (Wenn Sie auf einem Stuhl sitzen, lassen Sie beide Füße flach nebeneinander auf dem Boden ruhen.) Atmen Sie durch die Nase ein, wobei Ihre Lippen leicht geschlossen bleiben. Atmen Sie dann durch den Mund aus, indem Sie die Luft stark herausblasen und die Rachenöffnung verengen. Dabei bilden Sie den Laut „Tschui". Der Rachen sollte mitschwingen, also achten Sie darauf, daß es ein gutturales „Tschui" wird. Während Sie so ein- und austamen, liegt Ihr rechter Handrücken auf Ihrer rechten Niere und Ihr linker Handrücken auf Ihrer linken Niere. Dann schließen Sie die Augen und visualisieren ein tief-dunkelblaues Licht (Indigo) um beide Nieren. Lächeln Sie in Ihre Nieren hinein und bedanken Sie sich bei ihnen dafür, daß sie so reibungslos arbeiten, und für die Zuversicht und die gesteigerte Lebenskraft, die Sie Ihnen schenken.

ERNÄHRUNG ZUR HARMONISIERUNG DES NIEREN-MERIDIANS

An erster Stelle sind hier schwarze Sojabohnen und Azuki-Bohnen zu nennen. Schwarze Sojabohnen sind nicht leicht zu bekommen und sehr teuer, aber sie haben eine hervorragende Wirkung bei Nierenschwäche und Erkrankungen der weiblichen Reproduktionsorgane, denn sie stärken die Yang-(Feuer-) Niere und damit auch die Eierstöcke. Wie andere Sojabohnensorten enthalten sie u.a. Phyto-Östrogene.

Azuki-Bohnen eignen sich allgemein zur Stärkung bei Nierenerkrankungen. Sie sind leichter verdaulich als andere Bohnensorten und haben einen vorzüglichen, süßen Geschmack. In Japan werden leckere Konfekte aus Azuki-Paste gemacht.

Muscheln und Algen: Muscheln (besonders Austern) gelten traditionell als Aphrodisiakum. Grund dafür ist nicht nur das „kompromittierende" Aussehen dieser köstlichen Meerestiere, sondern auch die Tatsache, daß Muscheln äußerst nahrhaft sind und viel von der konzentrierten Lebenskraft des Wasser-Elements enthalten. Das gilt übrigens auch für die eßbaren Algen Wakame, Nori, Arame und Dulce, die als wahre Vitamin-, Mineralien- und Spurenelement-Bomben bezeichnet werden können.

DAS ELEMENT HOLZ
LEBER- UND GALLENBLASEN-MERIDIAN

Ein Licht entzündet sich am andern
in der Frühlingsnacht.
Buson

Das Element Holz repräsentiert die Energie des Wachstums, die Fülle der zum Leben erwachenden Natur im Frühling, das Licht des jungen Tages und die Kraft des Vertrauens und der Hoffnung in uns Menschen. Wir können die Qualität dieses Elements am besten auf einem Spaziergang durch den Wald erfahren, wenn die ersten Knospen sprießen und das Grün sich zu zeigen beginnt.

In der westlichen Tradition gehört der Frühling zum Element Feuer in seiner dynamischsten Erscheinungsform oder in seinem aktivsten und konzentriertesten Aggregatzustand. Wer schon einmal beobachtet hat, wie die jungen Triebe im März den oft noch hart gefrorenen Boden regelrecht durchbohren oder wie die Vegetation die Mauern eines verlassenen Gebäudes sprengt, kann diese unbändige Kraft des „Holzes", dieses Bedürfnis nach Wachstum und Ausdehnung und dieses Drängen zum Licht, zum Himmel leicht nachempfinden. Für viele Tierarten (dazu gehört auch der Mensch) ist der Frühling die Zeit der Balzrituale und der Paarung. Die Kraft des Wassers (Libido, Überlebenstrieb) nährt das Holz, ermöglicht die Erneuerung des Lebens, gesundes Wachstum und die Entwicklung der materiellen Formen. „Leber-Energie garantiert die kraftvollen Aspekte der Sexualität, einschließlich des lustvollen Empfindens der aggressiven Seiten in der sexuellen Begegnung." (Rappenecker).

Aggression und Expansionswille sind zwei weitere Aspekte oder Qualitäten der Holz-Energie. Sie gehören untrennbar zusammen, denn wenn der Drang zu expandieren, Einfluß zu nehmen oder sich selbst zu behaupten (zu wachsen), aus irgendwelchen Gründen zu stark eingeschränkt oder kontrolliert wird, bauen sich automatisch Ärger und Wut auf und damit Aggressionen.

Der Leber-Meridian und die Leber als Speicherorgan stehen für die Yin-Energie des Holzes, während der Gallenblasen-Meridian und die Gallenblase als Hohlorgan den Yang-Aspekt repräsentieren. „Die Leber sorgt für den harmonischen Fluß von Qi, Blut und Emotionen", schreibt W. Rappenecker in seinem Buch *Fünf Elemente und zwölf Meridiane.*

Zusammen mit der Milz spielt der Leber-Funktionskreis eine entscheidende Rolle für die Qualität des Blutes. In der Leber wird das Blut von vielen Toxinen und Schlacken gereinigt. Giftige Stoffe werden in für die Nieren ausscheidungsfähige Substanzen verwandelt. Diese „Umwandlung" von Giften in brauchbare oder zumindest harmlose Substanzen ist eine der wichtigsten Aufgaben der Leber und des Leber-Funktionskreises. Eine andere Aufgabe besteht darin, die Fließeigenschaft des Blutes zu verbessern beziehungsweise konstant und optimal zu halten.

Im Zusammenhang mit der Leber-Funktion ist der Begriff „Stoffwechsel" von größter Bedeutung: Fette, Kohlenhydrate, Eiweiße, Hormone und so weiter werden in der Leber „verwandelt". Ein Großteil des Eisens, das zur Produktion von roten Blutkörperchen notwendig ist, wird in der Leber gespeichert und bei Bedarf abgegeben. Außerdem liefert die Leber 95 Prozent der Bluteiweiße. Die Arbeit der Leber ist vergleichbar mit der Leistung einer sehr komplexen, riesigen Fabrik. Vom reibungslosen Ablauf aller Arbeitsgänge in dieser Fabrik hängt viel ab, zum Beispiel unsere Stimmungen und emotionalen Reaktionen. Reizbarkeit, Zorn und Wutanfälle oder einfach nur Ungeduld sind sichere Zeichen dafür, daß ein Ungleichgewicht vorliegt beziehungsweise eine Störung des Energieflußes im Leber- und im Gallenblasen-Meridian.

Auf der psychischen Ebene entspricht die Leber-Energie unserer Fähigkeit zu planen, zu organisieren und Visionen zu entwickeln. Leber-Energie steht für Vorstellungskraft und Kreativität. In Verbindung mit dem Element Metall, das „strukturierend" auf sie einwirkt, repräsentiert sie geordnetes, planvolles Wachstum.

Für die Chinesen ist die Leber der Sitz der unsterblichen Seele. „Nach traditionellen Vorstellungen ermöglicht Hun (die Seele) Verbindung mit dem Universellen oder Göttlichen und ist ein wesentlicher Träger spirituellen Wachstums." (Rappenecker)

Die „Arbeit" des Gallenblasen-Meridians besteht in der praktischen Umsetzung der Visionen. Der Gallenblasen-Meridian wird manchmal auch „Manager-Meridian" genannt. Menschen mit stets prall gefüllten Terminkalendern neigen nämlich dazu, diesen Funktionskreis zu überlasten oder sogar zu erschöpfen. Manche Führungskräfte greifen abends regelmäßig zur Cognac- oder Whisky-Flasche, um sich zu „entspannen". Der Alkohol regt die Leber an, und auch die Galle bekommt einen „Kick" und produziert mehr Gallenflüssigkeit. Überall, wo die Umsetzung von Visionen (von kreativem Potential) in faßbare Werke gefordert wird, ist häufig auch regelmäßiger Alkohol- oder Drogen-Konsum an der Tagesordnung.

Holz-Temperamente neigen zu Maßlosigkeit, wenn die Holz-Energie nicht ausgewogen ist. Ein Spaziergang durch den Wald erfrischt die Holz-Energie in uns und wirkt regenerierend. Eine Fehlfunktion oder Überlastung der Leber wirkt sich ungünstig auf unsere Sehfähigkeit aus. Vielleicht haben Sie schon einmal erlebt, daß Sie nach einer besonders üppigen Mahlzeit oder nach einer durchzechten Nacht graue Schleier vor den Augen oder das Gefühl hatten, etwas „getrübt" in die Landschaft zu schauen. Im Gegensatz dazu ist Weitsicht (der Adlerblick) ein Zeichen für ein starkes aber ausgeglichenes Holz-Element. Oder dies:

Tief verwurzelt wie ein starker Baum,
die Verbindung zwischen Erde und Himmel herstellen,
dem Licht entgegen wachsen,
Schutz und Nahrung für andere Lebewesen sein,
geduldig und gelassen im Sturm stehen.

LEBER-MERIDIAN-
ENTSPRECHUNGSTABELLE

Anfangspunkt des Meridians	äußere (vom Körper weg) Nagelfalzwinkel der großen Zehen
Endpunkt des Meridians	zwischen 6. und 7. Rippe senkrecht unter den Brustwarzen
Neuro-lymphatischer Punkt vorn	nur auf der rechten Körperseite zwischen 5. und 6. Rippe
Neuro-lymphatischer Punkt hinten	nur rechts von der Wirbelsäule zwischen 5. und 6. Brustwirbel
Neuro-vaskuläre Punkte	am oberen Haaransatz
Element	Holz / Yin
Farbe	Grün
Maximalzeit	1.00 bis 3.00 Uhr
Jahreszeit	Frühling
Klima	Wind
Geschmack	sauer
Geruch	ranzig
Stimmlicher Ausdruck	Schreien
Körpergewebe	Muskeln und Sehnen
Sinnesorgan	Augen
Körperflüssigkeit	Tränen
Psychische Faktoren	Wut, Aggression, emotionale Reaktionen, planen, organisieren, visualisieren, zukunftsorientiertes Denken, Expansion und Optimismus, Vitalität, Wachstum
Positive Denkmuster	Ich bin frei zu tun, was meiner Entwicklung und meinem inneren Wachstum dient. Ich bin offen für neue Dinge in meinem Leben. Ich passe mich Veränderungen vertrauensvoll und mit Leichtigkeit an. Ich bin tolerant mir selbst und anderen gegenüber.

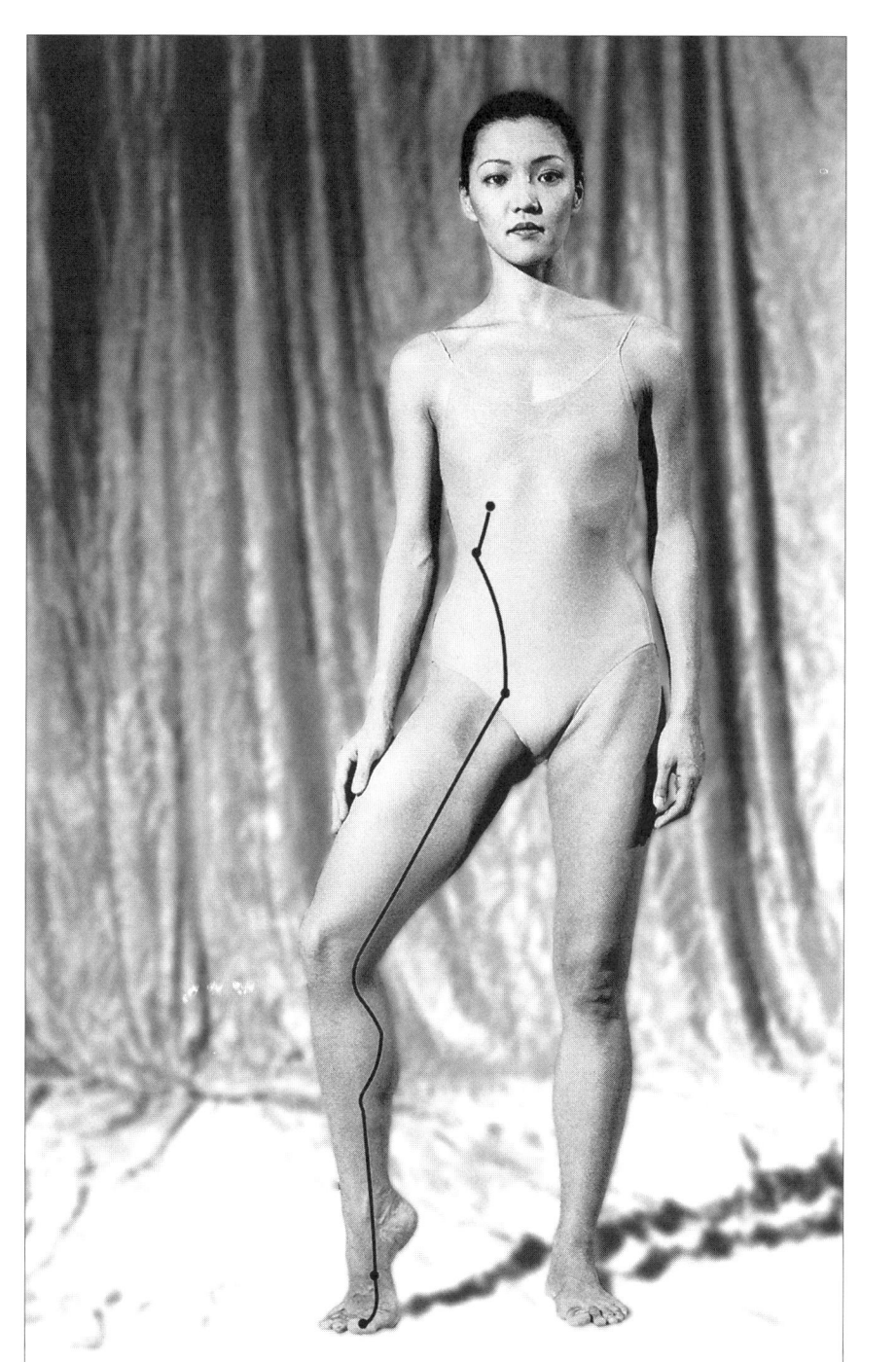

Ich bin frei zu tun, was meiner Entwicklung und meinem inneren Wachstum dient.

Im Bereich des Leber-Funktionskreises ist das Thema Freiheit zwangsläufig von großer Bedeutung. Eine Kraft, die auf Expansion und Ausdehnung „programmiert" ist, wird automatisch mit Reizbarkeit auf Einschränkung reagieren. Einschränkung ist nicht unbedingt mit sinnvoller Begrenzung oder Beschneidung gleichzusetzen. Die Hobby-Gärterinnen und Gärtner unter uns werden wissen, wie wichtig regelmäßige Beschneidung für prachtvolles Wachstum sein kann. Hier geht es jedoch um etwas anderes, nämlich um das Gefühl, nicht genug Freiraum für die eigene Entwicklung zu haben, vielleicht weil die Umwelt als repressiv und unterdrückend erlebt wird (dieses Gefühl ist häufig bei Jugendlichen sehr stark ausgeprägt) oder weil starke Minderwertigkeitsgefühle und mangelndes Selbstbewußtsein uns daran hindern, unser Potential zu entfalten. In beiden Fällen sollten wir uns klar machen, daß wir immer die Freiheit haben, uns gemäß unserer Bestimmung (unseres Potentials) zu entwickeln. Allerdings müssen wir dafür Mut und Weisheit (oder Klugheit) aufbringen und manchmal auch Geduld.

Ich bin offen für neue Dinge in meinem Leben.

Leber-Energie ist, wie wir gesehen haben, zukunftsorientiert. Wenn wir in unserem Geist oder in unserer Seele „Großputz" gemacht und giftige Emotionen und Gedanken erfolgreich verwandelt haben, ist plötzlich wieder Raum in uns, eine große Offenheit und viel Platz für Neues.

Ich passe mich Veränderungen vertrauensvoll und mit Leichtigkeit an.

Flexibilität und Anpassungsfähigkeit sind folgerichtige „Nebenwirkungen" eines gesunden Holz-Elements, Erstarrung hingegen ist nur in leblosen pflanzlichen Überresten anzutreffen. Die Anpassungsfähigkeit von Pflanzen basiert auf einer Art Urvertrauen beziehungsweise auf dem Wissen darüber, wo das Licht zu finden ist. Wenn wir auf unserem Weg Hindernissen begegnen (und das wird im Laufe eines Lebens immer wieder der Fall sein), vertrauen wir unserem inneren Kompaß, bleiben flexibel und nehmen Umwege in Kauf, um dann unbeirrbar unser Ziel neu anzupeilen.

Ich bin tolerant mir selbst und anderen gegenüber.

Großzügigkeit und Toleranz sind ebenfalls Zeichen für ein ausgewogenes Holz-Element. Die Offenheit und der Raum, den wir in uns geschaffen haben, bringt natürlich auch Toleranz mit sich. In diesem weiten Raum ist genug Platz für andere Ansichten, andere Meinungen und andere Formen des Seins. Es ist auch genug Raum für ganz unterschiedliche eigene Sichtweisen und Gedanken, und das verhindert, daß wir bestimmten Konzepten zu stark verhaftet bleiben.

STÖRUNGEN DES ENERGIEFLUSSES IM LEBER-MERIDIAN

Störungen machen sich oft im Bewegungsapparat und dort vor allem im Bereich der Gelenke, Sehnen und Bänder bemerkbar, an Stellen also, wo der Struktur (die Elemente Metall und Wasser) Beweglichkeit verliehen wird.

Ein Zuviel (ein Stau) an Energie zeigt sich in:
Maßlosigkeit in verschiedenen Lebensbereichen, zum Beispiel in der Ernährung. Sie kann Verdauungsprobleme verursachen und verschiedene Stoffwechselerkrankungen wie Gicht und Diabetes oder Süchte wie Alkoholismus (wobei natürlich auch andere Ursachen eine Rolle spielen können),
Kopfschmerzen,
Schmerzen hinter den Augen und an der Schädeldecke,
Blutstau,
Hämorrhoiden,
Eierstockentzündungen,
generelle Anfälligkeit für Entzündungen, zum Beispiel Arthritis und Sehnenscheidentzündungen,

Rückenschmerzen im Bereich zwischen Brust- und Lendenwirbeln,
   Verspannungen im Bauch und übermäßige Fäulnis-Dyspepsie im
   Darm (Blähungen),
Arbeitssucht und Verbissenheit,
Sturheit (zu starke Fixierung auf ein Ziel),
Reizbarkeit und Ungeduld,
emotionaler Extrovertiertheit (Solche Menschen verleihen ihren
   Gefühlen stets lauthals Ausdruck und sind leicht aus dem
   Gleichgewicht zu bringen.)

Ein Mangel an Energie zeigt sich in:
„schwachen" Gelenken (Neigung zu Unfällen),
schlechten Augen, Sehstörungen,
Erschöpfung oder chronische Müdigkeit, die auf eine Vergiftung
   oder Verschlackung des Organismus zurückzuführen ist,
Impotenz,
Reizbarkeit aus Erschöpfung,
„Nervenschwäche" (schnell entnervt und überlastet),
Überempfindlichkeit,
Unbeständigkeit.

Ausgeglichener Zustand:
Kreativität,
Weitblick,
Toleranz und Humor,
gute Entgiftung, d.h. Vitalität,
Gelassenheit,
gut organisiert.

QI GONG-ÜBUNG FÜR DEN LEBER-MERIDIAN

Setzen Sie sich bequem hin und richten Sie Ihre Wirbelsäule vom Kreuzbein ausgehend auf. Lassen Sie beide Füße nebeneinander flach auf dem Boden ruhen, wenn Sie auf einem Stuhl sitzen. Richten Sie nun die Aufmerksamkeit auf Ihre Leber (sie befindet sich unterhalb des rechten Rippenbogens). Atmen Sie durch die Nase ein und durch den Mund aus, wobei sie den Laut „Hsü" bilden. Dabei schürzen Sie die Lippen ein wenig, während die Zunge an den unteren Schneidezähnen anliegt.

Wiederholen Sie dies dreimal. Anschließend visualisieren Sie smaragdgrünes Licht um Ihre Leber. Lächeln Sie in Ihre Leber hinein. Bedanken Sie sich bei ihr für all die Entgiftungsarbeit, die sie leistet, und dafür, daß sie es Ihnen möglich macht, so optimistisch in die Zukunft zu schauen.

ERNÄHRUNG ZU HARMONISIERUNG DES LEBER-MERIDIANS

Lebensmittel mit saurem Geschmack bauen die Energie im Leber- und Gallenblasen-Meridian auf. Das Gerücht, daß sich schwangere Frauen am liebsten nur von sauren Gurken und Rollmöpsen ernähren würden, bekommt damit eine verständliche Begründung. Während der Schwangerschaft, die ja eine besonders ausgeprägte „Wachstumsphase" darstellt, wird das Holz-Element der werdenden Mutter stark in Anspruch genommen. Darum greifen viele Schwangere instinktiv nach sauren Nahrungsmitteln.

Bei zuviel „feuchter Hitze" in der Leber (z.B. bei Hepatitis):
Buchweizen (siehe Rezept „Buchweizen-Elixier")
Artischocken (gut für den Fettstoffwechsel)
Löwenzahn (Wurzeln und Blätter, wirkt entgiftend)
gekeimter Weizen
Sellerie

Champignon
Grapefruit
Honigmelone
Trauben
grüner Tee
Krebse, Garnelen
Karpfen mit Azuki-Bohnen (siehe Rezept)

Buchweizen-Elixier
Buchweizen wird angeröstet bis er duftet. Dann pulverisiert man ihn
in einem Mörser und formt das Pulver mit Wasser zu Pillen. Diese Pillen werden regelmäßig eingenommen.

Karpfen mit Azuki-Bohnen
50 Gramm Azuki-Bohnen werden über Nacht eingeweicht. Am nächsten Tag läßt man die Bohnen abtropfen (das Einweichwasser wird
weggeschüttet) und kocht sie in Wasser. Dann wird der Karpfen (500
Gramm) hinzugegeben. Beides zusammen wird gekocht, bis es gar ist.
Keine Gewürze hinzugeben!
   Von dieser Zubereitung wird jeden Morgen eine Portion heiß gegessen. Bei schweren Lebererkrankungen ißt man dieses Gericht sogar
zweimal am Tag. Es wirkt diuretisch, das heißt, es hilft, Wasseransammlungen im Körper zu beseitigen.

Bei Diabetes:
Mais, auch Polenta
Hirse
Süßer Reis (Hochzeitsreis)
Weizenbrei
Schwarze Sojabohnen
Mungbohnen
Tofu
Yamsknollen
Rettich
Stangensellerie
Spinat
Erbsen

Hokkaido-Kürbis
Pflaumen
Umeboshi-Aprikosen (japanische Aprikose)
Kokosmilch
Rinderbrühe
Hase, Kaninchen
Ente und Gans
Meeresfrüchte
Butter, Sahne, Schafmilch, Kuhmilch
(in kleinen Mengen, siehe auch Seite 66)

Bei Störungen im Fettstoffwechsel:
Rohe Zwiebeln
Knoblauch
Sonnenblumenkerne
Shiitakepilze
Brauntang (siehe Rezept)

Brauntang (Wakame) mit Ente
Das Fleisch einer Ente wird in Stücke geschnitten. Dann werden 60 Gramm Wakame gut abgespült und weichgekocht. Anschließend dünstet man das Entenfleisch zusammen mit dem Wakame, würzt alles mit etwas Salz und richtet es an.

Wakame erweicht Verhärtungen und wirkt angenehm kühlend und schleimlösend. Entenfleisch leitet das Leber-Yang nach unten. Dieses Gericht wirkt vorbeugend gegen Bluthochdruck.

GALLENBLASEN-MERIDIAN-
ENTSPRECHUNGSTABELLE

Anfangspunkt des Meridians	direkt an den äußeren Augenwinkeln
Endpunkt des Meridians	äußere (Richtung kleiner Zeh) Nagelfalzwinkel der vierten Zehen
Neuro-lymphatische Punkte vorn	1. links und rechts des Brustbeins zwischen 3. und 4. Rippe und 2. links und rechts des Brustbeins zwischen 4. und 5. Rippe
Neuro-lymphatische Punkte hinten	1. links und rechts der Wirbelsäule zwischen 3. und 4. Brustwirbel und 2. links und rechts der Wirbelsäule zwischen 4. und 5. Brustwirbel
Neuro-vaskulärer Punkt	auf der Fontanelle
Element	Holz / Yang
Farbe	Grün
Maximalzeit	23.00 bis 1.00 Uhr
Jahreszeit	Frühling
Klima	Wind
Geschmack	sauer
Geruch	ranzig
Körpergewebe	Sehnen, Bänder und Muskeln
Sinnesorgan	Augen
Körperöffnung	Augen
Stimmhafter Ausdruck	Schreien
Köperflüssigkeit	Tränen
Psychische Faktoren	Vitalität, Optimismus, Fähigkeit zu tatkräftiger Umsetzung von Ideen
Positive Denkmuster	Ich erledige meine Aufgaben planvoll und angemessen. Ich setze meine Arbeitskraft maßvoll ein. Ich trage die Verantwortung für alle meine Handlungen. Ich habe alle Zeit, die ich brauche.

Ich erledige meine Aufgaben planvoll und angemessen.
Ich habe alle Zeit, die ich brauche.

Die Gallenblase führt aus, was die Leber plant und vorsieht. Wenn zu viele Ideen und Vorstellungen unseren Geist „überwuchern", kann es uns schwerfallen, aktiv zu werden und uns an die Realisierung unserer Vorhaben zu machen. Wir verkrampfen uns, verfallen in Hektik oder sitzen wie gelähmt da. Vielleicht sind unsere Vorstellungen und Visionen auch nicht klar genug. Auch in diesem Fall werden wir nichts verwirklichen, weil es nichts gibt, was verwirklicht werden kann. Immer dann, wenn wir glauben, „keine Zeit" zu haben, und nur einen Berg Arbeit vor uns sehen, sollten wir uns klarmachen, daß alles machbar ist, solange wir die Dinge einzeln, nach und nach, Schritt für Schritt angehen und gelassen bleiben.

Ich setze meine Arbeitskraft maßvoll ein.

Dieses Denkmuster dürfte gerade für die sprichwörtlich arbeitssamen Deutschen besonders sinnvoll sein. Verallgemeinerungen sind zwar zu vermeiden, aber es ist nicht von der Hand zu weisen, daß in Deutschland viel (und manchmal zuviel!) gearbeitet wird. Etwas mehr Gelassenheit könnte hier bestimmt nicht schaden und wäre sicher nicht mit Faulheit zu vergleichen.

Ich trage die Verantwortung für alle meine Handlungen.

Dies bedeutet auch: Ich habe stets die Möglichkeit und die Freiheit zu entscheiden, was ich tue, und ich bin fähig, die Konsequenzen meiner Handlungen einzuschätzen. Dies zu erkennen erfordert Mut!

STÖRUNGEN DES ENERGIEFLUSSES IM GALLENBLASEN-MERIDIAN

Ein Zuviel (ein Stau) an Energie zeigt sich in:
der Unfähigkeit, zur Ruhe zu kommen, was zu Schlafmangel führt,
Gelbfärbung der Haut und der Augen,
verkrampfter und steifer Muskulatur (besonders im Schulterbereich),
Brennen im Brustkorb und Schmerzen in den Rippen,
Gallensteinen und Gallenkoliken,
Bildung zähen Schleims,
Migräne, rechtslastig,
Kratzen und Kitzeln im Hals,
Verstopfung u.a.,
übertriebenem Pflichtgefühl und der Unfähigkeit, Aufgaben zu
    delegieren,
Arbeitssucht, Ungeduld.

Ein Mangel an Energie zeigt sich in:
abwechselnd Durchfall und Verstopfung,
schlechtem Sehvermögen,
Schleimansammlung in den Augen,
Neuralgien,
Anämie und dadurch verursachter Blässe,
Übergewicht trotz Appetitmangel,
mangelhafter Fettverdauung,
Übersäuerung des Magens und schlechter Nahrungsverwertung,
kraftlosen Beinen,
Übermüdung,
Entscheidungsschwäche und Überlastungssyndrom,
Schreckhaftigkeit, Überempfindlichkeit.

Ausgeglichener Zustand:
gute, belastbare Gelenke, Sehnen und Bänder,
gut ausgebildete Muskulatur,
große Entschlußkraft und Belastbarkeit, gepaart mit der Fähigkeit,
    dennoch zu entspannen und auch „abzugeben" oder zu delegieren.

DEHNÜBUNG FÜR DEN
GALLENBLASEN-MERIDIAN

Setzen Sie sich mit gegrätschten Beinen auf den Boden, aber achten Sie
darauf, daß beide Knie am Boden bleiben. Richten Sie die Wirbelsäule
auf, strecken Sie beide Arme über den Kopf und verschränken Sie die
Finger. Atmen Sie ein. Neigen Sie mit dem Ausatmen den Oberkörper
zur Seite, so daß die Körperseite geöffnet und gedehnt wird. Wiederholen Sie dies nach der anderen Seite. Wie bei allen Meridian-Dehnübungen sollten Sie beim Dehnen nicht wippen, sondern stets mit dem
Ausatmen in die Dehnung gehen. Der Blick richtet sich bei dieser
Übung zur Decke.

ERNÄHRUNG ZUR HARMONISIERUNG DES GALLENBLASEN-MERIDIANS

Zur Absenkung des LDL-Cholesterinspiegels und zur allgemeinen Stärkung des Gallenblasen-Meridians:

Haferkleie oder Haferflocken

Gerste

Grünkern

Roggen

Dinkel

Rettich (u.a. Daikon-Rettich), besonders in Reiskleie eingelegt oder getrocknet

alle frischen, jungen, grünen Gemüsesorten, zum Beispiel Frühlingszwiebeln (auch frische Kräuter und Sprossen)

Erdbeeren

saueres Obst, zum Beispiel sauere Äpfel, Stachelbeeren, Johannisbeeren und so weiter

milchsauer vergorene Getränke und Speisen, zum Beispiel sauere Bohnen, Sauerkraut, selbsthergestellte Gemüsepickles, Brottrunk

Joghurt und Kefir

Molke

Birkensaft

Tee aus Löwenzahnwurzeln

Bohnen, Sojabohnen

Walnüsse

Ingwer

Knoblauch

Fisch und Fischöl

Wildvögel wie Perlhuhn oder Fasan

Huhn, Ente, Gans

Pu-Erh-Tee ist als Fettkiller bekannt und nicht nur bei zu hohem Cholesterinspiegel zu empfehlen. Mit Hilfe dieses Tees, der in den meisten Reformhäusern erhältlich ist, kann man (frau) etliche unerwünschte Pfunde innerhalb kurzer Zeit verlieren.

DAS ELEMENT FEUER
DÜNNDARM- UND HERZ-MERIDIAN
DREIFACHER ERWÄRMER UND
PERIKARD-MERIDIAN

„Das Herz sieht weiter als das Auge."
Afrikanische Weisheit

Das Element Feuer mit dem ergänzenden Feuer-Element und den vier zugeordneten Funktionskreisen steht am Ende unserer Reise durch die zwölf traditionellen Meridiane.

Die Jahreszeit des Elements Feuer ist der Sommer, die Zeit der Hitze und der Reife in der Natur und die Zeit, in der die Sonne ihren höchsten Stand am Himmel erreicht. Feuer hat, wie alle anderen Elemente, sowohl destruktive als auch äußerst konstruktive, positive Aspekte und Eigenschaften. Feuer kann verzehren oder wärmen, es kann in sehr kurzer Zeit einen ganzen Wald zu Asche verbrennen, es kann Materie transformieren, was die Alchemisten zu nutzen wußten, und es kann als Kaminfeuer an einem kalten Winterabend für Stimmung und Wohlbefinden sorgen. Nicht nur Pyromanen wissen um die faszinierende und verführerische Kraft des Feuers.

Gier und Leidenschaft werden dem Element Feuer ebenso zugeordnet wie Erkenntnisfähigkeit und selbstlose Liebe. In Asien vermutet man den Sitz des Geistes (Shen) nicht im Kopf, sondern im Herzen. Allerdings handelt es sich dabei mehr um den unsterblichen Geist, den wir in unserer Kultur Seele nennen, und weniger um den Intellekt, der eine eher körperliche, „endliche" Funktion hat.

Der Herz-Meridian übt als Yin-Funktionskreis in erster Linie eine „geistige" Wirkung aus und beeinflußt alle andere Funktionskreise durch die Fähigkeit zur Einsicht und „Befriedung". Der Dünndarm-

103

Meridian, sein Yang-Partner, sortiert kritisch alle geistigen Informationen, die wir im Laufe unseres Lebens aufnehmen, bevor sie in unser System integriert werden, und parallel dazu, alle Nahrungsbestandteile, die für unser Wachstum und für die Aufrechterhaltung unserer körperlichen Funktionen und unserer Gesundheit notwendig sind. Unterscheidungsvermögen und die Fähigkeit zur Erkenntnis sind für beide Funktionskreise gleich wichtige Eigenschaften.

Im Herzen wohnt die Intuition, das gefühlsbetonte Wissen um bestimmte Zusammenhänge. Hier ein Beispiel, das den Unterschied zwischen Intuition und Instinkt deutlich macht: Sicher kennen Sie diese Situationen, in denen Sie eine gewisse Inkongruenz, einen inneren Konflikt spüren. Ihr Kopf liefert Ihnen Informationen, die in keiner Weise mit Ihrem Gefühl übereinstimmen. Man könnte es Instinkt nennen, eine Spezialität des Bauchs, eine ferne Erinnerung an unsere tierischen Fähigkeiten aus einer Zeit, als unser Überleben von der Schärfe unserer Wahrnehmungen abhing. Im Gegensatz zu diesem Instinkt funktioniert Intuition eher wie ein Supercomputer, der mit Lichtgeschwindigkeit Informationen aus allen Bereichen der Sinneswahrnehmung, des rationalen Denkens, des körperlichen Befindens, aus Wetter- und Temperaturverhältnissen sowie aus nicht näher identifizierbaren feinen Schwingungen zusammenführt und spontan seine Schlüsse (Erkenntnisse) daraus zieht.

Intuition ist eine Gabe der Ganzheit in uns, eine Fähigkeit, die uns an die permanente Verbindung mit allen Bereichen unserer Persönlichkeit und mit den Persönlichkeiten anderer Menschen erinnert, an unser Eingebundensein in den Kosmos. In einem hochentwickelten Stadium ist sie Weisheit, ein allumfassendes Wissen, das weit über die begrenzten Fähigkeiten des Intellekts hinausgeht. Die Liebe wohnt im Herzen und ist die große Schwester der Intuition.

Die Liebe, um die es im Element Feuer geht, reicht von der erotischen Anziehungskraft, von dem Gefühl der Verliebtheit, bis zu jener tiefen, selbstlosen Liebe großer Persönlichkeiten wie Gandhi oder anderen „ego-armen" Menschen. Beide Arten von Liebe haben die gleichen Wurzeln, nämlich die Sehnsucht nach der Einheit. Während die erotische Liebe diese Sehnsucht direkt „verkörpert", hat die tiefe selbstlose Liebe diese Sehnsucht überwunden, weil sie das Ziel der Sehnsucht schon erreicht hat.

104

Der Dünndarm-Meridian ist der Yang-Partner des Herzens. Seine Funktion ist unmittelbar mit der Erkenntnisfähigkeit gegenüber materiellen und geistigen Inhalten verbunden. Auf der körperlichen Ebene werden im Dünndarm wichtige Nährstoffe aus dem Nahrungsbrei herausgefiltert und dem Blut zugeführt. Die Rest-Materie wird zur Weiterverarbeitung und Ausscheidung in den Dickdarm weitergeleitet. Die Klarheit unserer Gedanken und die Qualität unseres Unterscheidungsvermögens sind abhängig von dem guten Zustand unseres Dünndarm-Funktionskreises.

Seine Maximalzeit ist von 13.00 bis 15.00 Uhr – die ideale Zeit zur Verdauung des Mittagessens. Wenn wir mittags zuviel essen, können wir nicht zusätzlich geistige Informationen verdauen, denn damit würden wir unseren Dünndarm-Funktionskreis überlasten. Wir müssen uns also entscheiden: entweder eine kräftige Mittagsmahlzeit und anschließend eine ausreichend lange Ruhepause oder ein leichtes Mittagsmahl und danach eine kürzere Ruhepause.

Der Herz-Meridian verläuft an den Innenseiten der Arme, in der verstecktesten, zartesten und am besten geschütztesten Zone. Er reagiert sehr empfindlich auf Reize und grobe Einflüsse von außen und bedarf in der Tat eines besonderen Schutzes. Diese Aufgabe übernehmen die Funktionskreise von Perikard-Meridian (Herzbeutel- oder Herzkreislauf-Sexus-Meridian) und Dreifachem Erwärmer.

Ähnlich wie der physische Herzbeutel das Organ Herz schützt, wirkt die Energie des Perikard- oder Herzkreislauf-Sexus-Meridians wie ein dichter Mantel oder eine Rüstung, die sich um unser verletzbarstes, zartestes Gefühlszentrum spannt und Schocks und Traumen von ihm fernhält. Es ist eine harte Arbeit, die an dieser Stelle geleistet werden muß, und der Perikard-Funktionskreis ist deshalb nicht selten überlastet. Die Energie sammelt sich dann konzentriert im Brustkorb, wo sie erstarrt und „Herzschmerzen" verursacht. Im schlimmsten Fall kommt es zu einem ausgeprägteren Stau, zu Angina Pectoris oder gar zum Herzinfarkt. Ich will damit nicht sagen, daß Streß und wiederholte Schock-Einwirkungen die einzigen Ursachen von Infarkten sind, aber diese Faktoren spielen eine sehr wichtige Rolle. Dem Perikard-Meridian werden die Blutgefäße (Arterien und Venen) und die physische Funktion des Herzens zugeordnet (Blutdruck, Durchblutung). Der Beiname Sexus, der diesem Meridian manchmal gegeben wird,

DÜNNDARM-MERIDIAN –
ENTSPRECHUNGSTABELLE

Anfangspunkte des Meridians	äußere (von der Hand weg) Nagelfalzwinkel der kleinen Finger
Endpunkte des Meridians	auf dem Jochbein vor den Ohren
Neuro-lymphatische Punkte vorn	entlang des Rippenbogens
Neuro-lymphatische Punkte hinten	links und rechts der Wirbelsäule zwischen 8. und 9., 9. und 10. sowie 10. und 11. Brustwirbel
Neuro-vaskuläre Punkte	auf den Scheitelbeinhöckern
Element	Feuer / Yang
Farbe	Rot
Maximalzeit	13.00 bis 15.00 Uhr
Jahreszeit	Sommer
Klima	Hitze
Geschmack	bitter
Geruch	verbrannt
Körperteile	Blutgefäße
Sinnesorgan	Zunge und Gaumen
Körperöffnung	Ohren
Stimmlicher Ausdruck	Lachen, Kichern
Körperflüssigkeit	Schweiß
Psychische Faktoren	Fähigkeit, Freude und Glück zu empfinden; Humor, kritisches Urteilsvermögen, Unterscheidungsfähigkeit
Positive Denkmuster	Ich erkenne, was gut und sinnvoll für mich ist, und nehme es voller Freude an. Meine Gedanken sind klar und konzentriert. Ich gebe und nehme mit Freude. Meine Gedanken und meine Emotionen sind im Einklang.

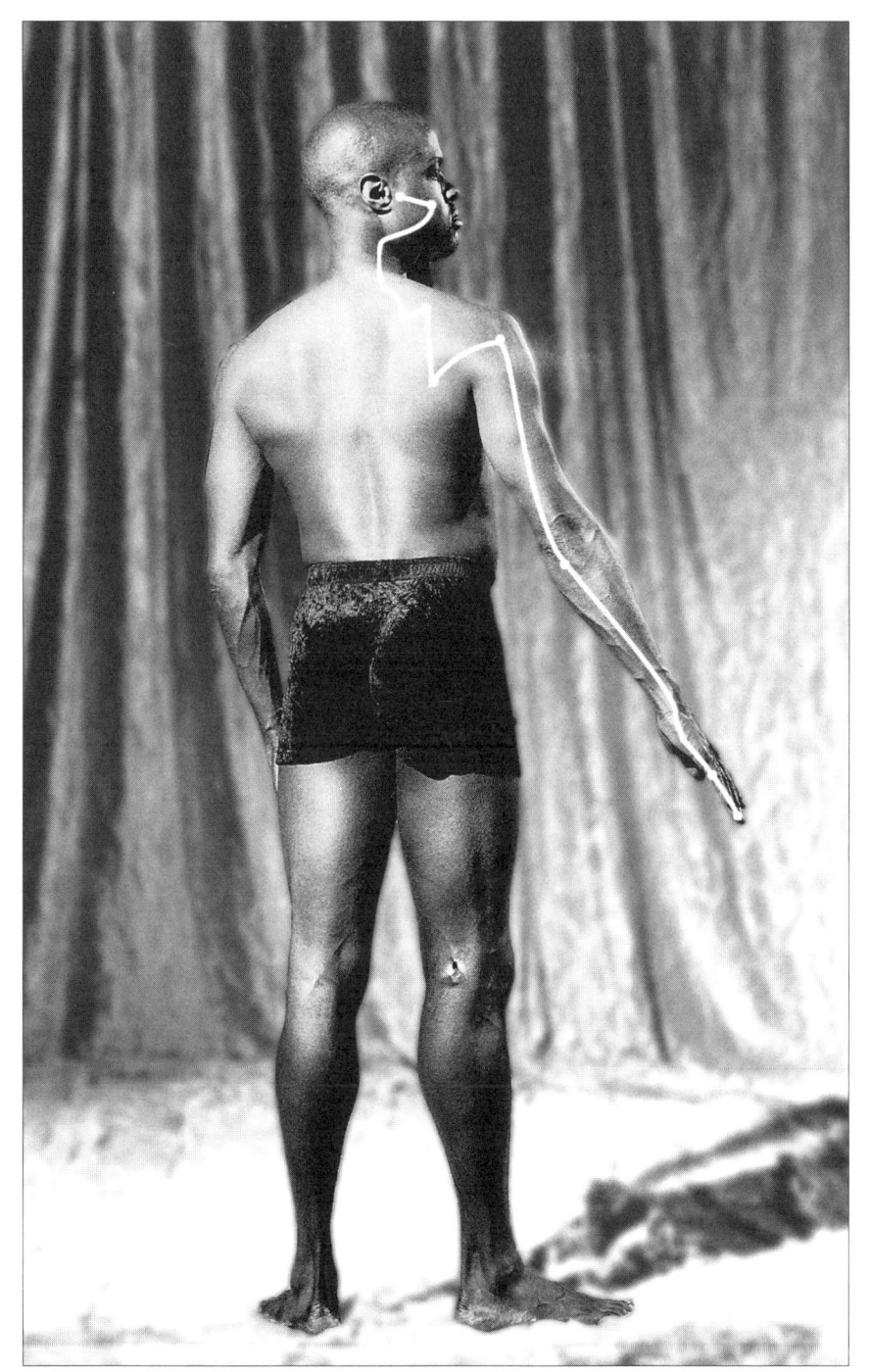

weist auf seine wichtige erotische Zusatzfunktion hin, nämlich die Erzeugung des sexuellen Feuers, der Leidenschaft, welche die Basis der erotischen Liebe ist.

Der Dreifache Erwärmer unterstützt in erster Linie den Dünndarm. Sein Name entstand in direkter Ableitung seiner wärmeverteilenden Wirkung. Die chinesische Medizin unterteilt den Oberkörper mit seinen Organen in drei Brennkammern. Die obere Kammer enthält die Atmungsorgane und das Herz, die mittlere Kammer die Organe der Nahrungsaufnahme und Verdauung und die untere Kammer die Organe der Ausscheidung und Fortpflanzung. Die Verteilung der Energie und der Wärme in diesen drei Kammern und in den ihnen zugeordneten Körperteilen (Extremitäten) ist die Hauptaufgabe des Dreifacher Erwärmer-Funktionskreises. Ihm werden auch die Schilddrüse und das Lymphsystem zugeordnet sowie ein Großteil der Immunabwehr. Fieber als Reaktion auf einen Infekt, also „Angriff" des Immunsystems, ist eine typische Schutzreaktion des Dreifachen Erwärmers.

Auf der emotionalen Ebene schützt uns der Dreifache Erwärmer gemeinsam mit dem Lungen-Meridian gegen Übergriffe auf unsere Person, besonders gegen sexuellen und anderen körperlichen und emotionalen Mißbrauch. Bei Menschen, die wiederholt mißbraucht wurden, liegt meist eine gravierende Störung, ein ausgeprägtes energetisches Ungleichgewicht innerhalb des Dreifachen Erwärmers (beziehungsweise auch im Perikard-Meridian) vor.

Die Farbe, die dem Element Feuer zugeordnet wird, ist Rot in verschiedenen Schattierungen. Rot ist auch die symbolische Farbe sowohl für Begierde als auch für Mitgefühl. Im tibetischen Buddhismus sagt man, daß das eine (Mitgefühl) das Resultat der Rücktransformation des anderen (Begierde) ist. Ursprünglich sind wir alle voller Mitgefühl und Liebe, aber mit der Bildung des Egos entsteht eine Trennung, eine Spaltung und als Folge davon die Gier (Begierde) nach allem, was uns als angenehm erscheint.

Die Emotion, die dem Element Feuer zugeordnet wird, ist die Freude. Im disharmonischen Zustand kann diese Freude hysterische Züge annehmen, während im Zustand des energetischen Gleichgewichts die tiefe, friedliche und eher stille Freude vorherrscht.

Ich erkenne, was gut und sinnvoll für mich ist, und nehme es voller Freude an.

Erkenntnis- und Unterscheidungsfähigkeit sind unabdingbare Voraussetzungen für körperliches und geistiges Wachstum. Wenn unser Körper nicht mehr in der Lage ist, zwischen Vitaminen, Mineralien, Spurenelementen und so weiter auf der einen und belastendem Material auf der anderen Seite zu unterscheiden, wenn er all die „guten" Nährstoffe vorbeiziehen läßt und statt dessen die „schlechten" in den Blutkreislauf aufnimmt, werden wir zuerst schwach und schließlich krank. Auf der geistigen Ebene ist es nicht anders. Wenn wir nicht fähig sind zu „sehen" beziehungsweise zu erkennen (übrigens auch eine Gabe des Herzens), was an Informationen, Begegnungen, Erfahrungen und so weiter sinnvoll und wohltuend für uns ist, bleiben wir auf einer bestimmten Entwicklungsstufe stehen und vegetieren in einer trüben geistigen Brühe dahin – kein besonders freudvoller Zustand. Gesundes Wachstum hingegen ist immer mit Freude verbunden.

Meine Gedanken sind klar und konzentriert.

Damit Klarheit und Konzentration im Geist entstehen können, müssen wir dafür sorgen, daß wir unseren Geist nicht mit „Abfall" belasten beziehungsweise ausfüllen. Die Praxis der stillen Meditation, auch Geistestraining genannt, ist hier von großem Nutzen.

Ich gebe und nehme mit Freude.

Mit Freude zu nehmen ist wohl keine Kunst (obwohl manche Menschen durchaus Schwierigkeiten mit dem Annehmen von Geschenken haben). Mit Freude zu geben erscheint manchmal schwieriger, vor allem dann, wenn wir uns von Dingen trennen müssen, mit denen wir lange und gern verbunden waren. Eines ist auf jeden Fall nötig, damit wir uns von etwas trennen können: die Abwesenheit von Anhaftung. Aber wenn auch noch Freude mit im Spiel sein soll, wenn das Geben zum Vergnügen werden soll, brauchen wir noch etwas, nämlich ein offenes Herz. Öffnen Sie Ihr Herz, wenn Sie geben, denn wenn Ihr Herz offen ist, kann die Angst, selbst nicht genug zu haben, genausowenig

Macht über Sie haben wie der Mangel an Vertrauen in das Leben und all die anderen kleinkarierten, mißtrauischen Gefühlsregungen. Es ist genug für alle da, wenn wir nichts festhalten.

Meine Gedanken und meine Emotionen sind im Einklang.

„Kopf" und „Bauch" können im Element Feuer zueinander finden, wenn wir mit dem Herzen denken. Mit dem Herzen zu denken bedeutet, die Gabe der Intuition zu nutzen. Herz und Dünndarm sind perfekte Partner. Sie ernähren sich gegenseitig. Die Vereinigung von Mitgefühl und Weisheit ist die Quelle der Erleuchtung und das Ziel jeder spirituellen Suche.

Auf einer alltäglicheren Ebene sollten wir stets versuchen, unsere innere Spaltung zu überwinden, indem wir unsere Vernunft und unseren Intellekt die Rolle spielen lassen, die ihnen zukommt, nämlich die eines wichtigen Werkzeugs. Dieses Werkzeug funktioniert am besten, wenn es nicht allein benutzt wird, sondern in harmonischem Zusammenspiel mit unseren Gefühlen und Empfindungen. Kopf und Bauch müssen keine Feinde sein, werden es aber, wenn wir uns von Konzepten und Vorurteilen oder von übermächtig gewordenen Emotionen leiten lassen. Konflikte zwischen Kopf und Bauch sind oft kleine Kriege zwischen Bewußtsein und Unterbewußtsein. Eine Hypnose- oder Trance-Therapie kann von großem Nutzen sein, wenn es darum geht, die Harmonie wiederherzustellen. Auch die Kinesiologie kennt viele Übungen, um Kopf und Bauch miteinander in Einklang zu bringen (siehe Teil 3 dieses Buches).

STÖRUNGEN DES ENERGIEFLUSSES IM DÜNNDARM-MERIDIAN

Ein Zuviel (ein Stau) an Energie zeigt sich in:
steifem Nacken,
Schwierigkeiten, den Kopf zu drehen,
heißem Kopf und kaltem Körper,
Druck auf den Ohren (auch Ohrgeräusche),

Verkrampfungen im Solarplexus und im Unterbauch,
gestörter Darmfunktion (Verstopfung),
schlechter Durchblutung in Beinen und Armen,
Schulter-Arm-Syndrom,
mangelhafter Speichelbildung,
Allergien*,
geistiger Unruhe und Rastlosigkeit,
Fixierung auf Details,
geistiger Überarbeitung und dadurch verursachtem
  Zusammenbruch, Kopfschmerzen,
Kritiksucht.

Ein Mangel an Energie zeigt sich in:
Darmkollern und Durchfall,
Kraftlosigkeit im Bauchbereich,
Mangelerscheinungen aufgrund ungenügender Aufnahme von
  Vitalstoffen, schlechter Durchblutung im Becken und in den
  Beinen,
Blinddarmentzündung,
Störungen im Menstruationszyklus,
Migränekopfschmerzen (Schmerzen hinter den Augen),
Allergien*,
Überempfindlichkeit,
Stumpfsinnigkeit,
Konzentrationsstörungen, Vergeßlichkeit.

Ausgeglichener Zustand:
geistige Frische, Beweglichkeit und Vitalität,
allgemeine Vitalität,
gutes Unterscheidungsvermögen, kritische Urteilsfähigkeit,
gutes Immunsystem.

---

* Allergische Reaktionen des Körpers sind nichts anderes als falsche Wahrnehmungen oder Fehlurteile unseres Immunsystems. Sie beruhen also auf einer Störung des
  Dünndarm-Funktionskreises (Erkennen von und Differenzieren zwischen nützli-
  chen und schädlichen Stoffen) und des Dreifachen Erwärmer-Funktionskreises (die
  Antwort der Immunabwehr auf Angriffe von außen).

DEHNÜBUNG FÜR DEN DÜNNDARM-MERIDIAN

Setzen Sie sich auf den Boden, legen Sie beide Fußsohlen aneinander und lassen die Knie zur Seite fallen. Schieben Sie die Fersen nun so nah wie möglich an den Körper und umgreifen Sie Ihre Zehen. Neigen Sie sich dann mit jedem Ausatmen ein Stück weiter nach vorn, so daß Ihre Ellbogen dem Boden immer näher kommen. Der Rücken sollte dabei entspannt und gerade bleiben. Wiederholen Sie diese Übung dreimal und wippen Sie anschließend mit den Knien auf und ab.

Ich vertraue meiner Intuition.

Wie schon erwähnt verfügen wir alle ausnahmslos über die Gabe der Intuition. Allerdings ist diese Gabe bei einigen von uns verschüttet und nicht mehr erreichbar. Vertrauen in uns selbst kann erheblich dazu beitragen, diese angeborene Begabung neu zu beleben. Letztendlich aber ist eine perfekt funktionierende Intuition das Resultat oder das Nebenprodukt einer fortgeschrittenen ganzheitlichen Entwicklung unserer Persönlichkeit.

Ich liebe und respektiere mich und andere.

Es kann nicht schaden, sich immer wieder bewußt darin zu üben, anderen Menschen oder fühlenden Wesen mehr Liebe und Achtung entgegenzubringen. Allerdings sind wir erst in der Lage, andere zu achten und zu lieben, wenn wir uns selbst achten und lieben. Diese Wahrheit ist nicht neu und wird dennoch selten in die Tat umgesetzt. Weil wir sie nicht praktizieren, sind wir gespaltene Menschen. Ein Teil von uns will besonders ehrenhaft, makellos und liebenswürdig sein (das Engelchen), der andere schert sich nicht im geringsten darum und benimmt sich wie ein gieriger und verschlagener Krimineller (das Teufelchen). Was unsere dunkle Seite anstellt, ist vielleicht objektiv betrachtet noch nicht mal so schlimm, was aber sehr wohl zählt, ist die Scham, die wir darüber empfinden, und unsere Unfähigkeit, uns selbst zu verzeihen. Was kann so schmerzhaft daran sein, die eigenen Fehler zuzugeben, sie zu akzeptieren, zu bereuen, zu beschließen, sie nicht zu wiederholen, und weiterzugehen – also einen Prozeß in Gang zu bringen, der die absolute Voraussetzung für die Transformation unserer Fehler ist? Die Antwort lautet: Es ist so schmerzhaft, weil wir uns selbst verurteilen. Und Selbstverurteilung bedeutet Ablehnung und damit Vereinsamung und Liebesentzug. Das Resultat ist demnach: Wir lieben uns nicht als Ganzes oder in unserer Ganzheit, weil wir Angst haben, von anderen nicht geliebt zu werden.

Sie werden mir wahrscheinlich recht geben, daß dies auf keinen Fall im Einklang mit der christlichen Lehre ist. Und dennoch hat das Christentum, wie es sich im Westen entwickelt hat, seinen Teil dazu beigetragen. Viele westliche Menschen leiden unter chronischen Schuldge-

HERZ-MERIDIAN –
ENTSPRECHUNGSTABELLE

Anfangspunkte des Meridians	in den Achselhöhlen (Richtung vordere Achselfalten)
Endpunkte des Meridians	innere (Richtung Ringfinger) Nagelfalzwinkel der kleinen Finger
Neuro-lymphatische Punkte vorn	links und rechts des Brustbeins zwischen 2. und 3. Rippe
Neuro-lymphatische Punkte hinten	links und rechts der Wirbelsäule zwischen 2. und 3. Brustwirbel
Neuro-vaskulärer Punkt	auf der Fontanelle
Element	Feuer / Yin
Farbe	Rot
Maximalzeit	11.00 bis 13.00 Uhr
Jahreszeit	Sommer
Klima	Hitze
Geschmack	bitter
Geruch	verbrannt
Körperteile	Blutgefäße
Sinnesorgane	Zunge und Gaumen, Hände (Tastsinn)
Körperöffnung	Ohren
Stimmlicher Ausdruck	Lachen, Kichern
Körperflüssigkeit	Schweiß
Psychische Faktoren	Freude, Glücksgefühle, in übersteigerter Form als Euphorie und Hysterie, Liebesfähigkeit, Lust
Positive Denkmuster	Ich vertraue meiner Intuition. Ich liebe und respektiere mich und andere. Ich fühle die Einheit in mir selbst und in allem. Ich öffne mein Herz für die Freude.

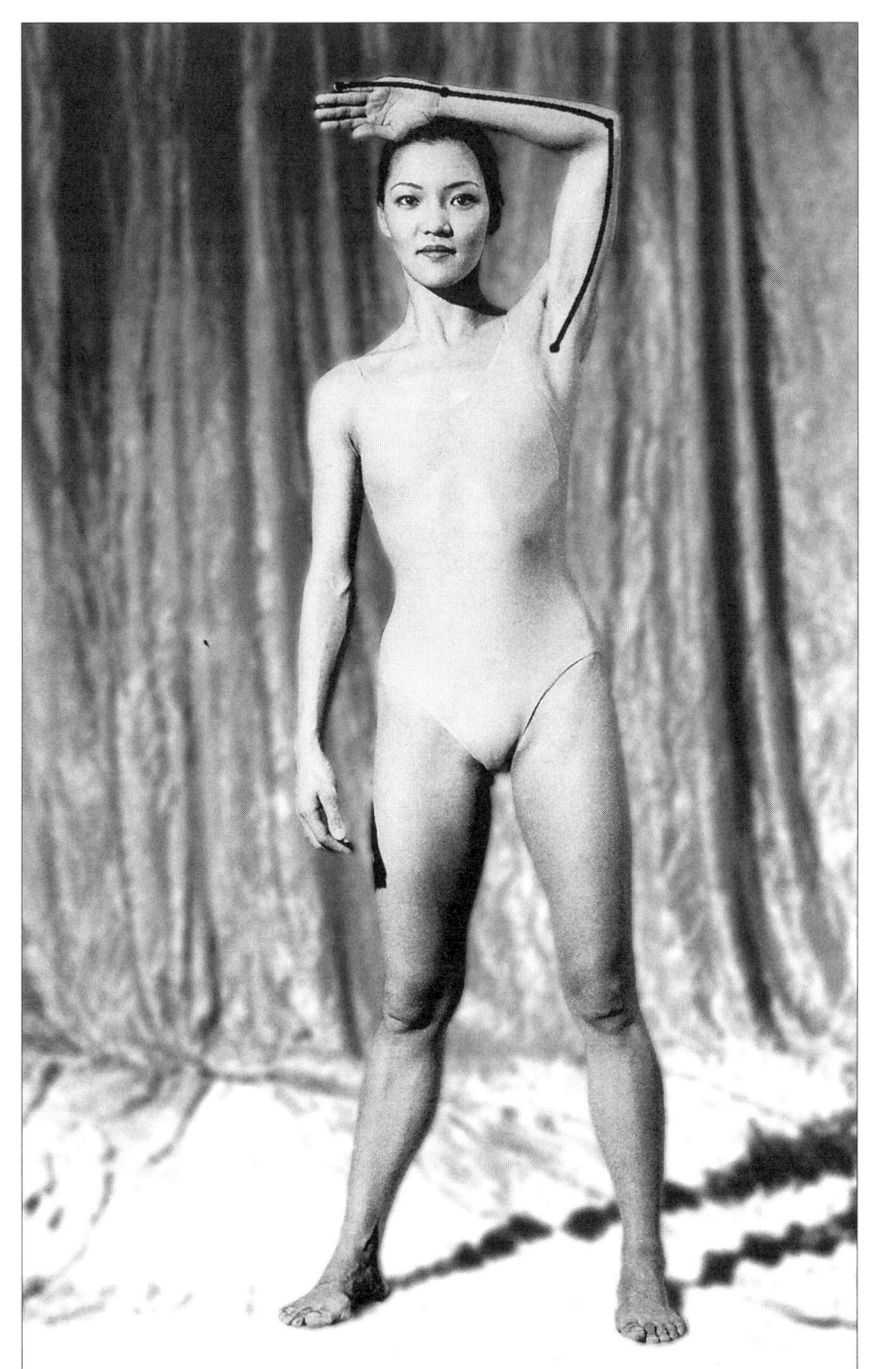

fühlen und als Folge davon unter dem Problem der mangelnden Selbstliebe. Es ist sehr schwierig von dieser Schuld-Krankheit loszukommen. Ein wirksames Mittel dagegen ist, mit Fehlhandlungen zu verfahren wie oben angegeben und nicht in der Vergangenheit verhaftet zu bleiben, sondern mehr in der Gegenwart zu leben, in dem Bewußtsein, daß das Leben jeden Tag neu geschaffen werden kann.

Ich fühle die Einheit in mir selbst und in allem.

Dieses Gefühl kann nicht künstlich erzeugt werden. Es ist das Ergebnis meditativer Praxis und eine Begleiterscheinung spontaner mystischer Erlebnisse in der Natur oder jener kostbaren Momente der liebevollen sexuellen Vereinigung. Der sexuelle Orgasmus kann mit einem solchen Gefühl der Einheit mit allem einhergehen, vor allem dann, wenn die sexuelle Energie durch die zentrale Energieleitbahn über das Herzzentrum zum Scheitelzentrum hochschießt. Diese Erfahrung wird z.B. im indischen Tantra angestrebt. Das Gefühl von Einheit mit sich selbst und mit allem muß aber keineswegs immer so überwältigend sein. Wenn wir bereit sind, es zuzulassen oder uns darauf einzulassen, ist es vor allem ein sehr friedliches, stabiles, freudvolles und humorvolles Gefühl von Weite und Raum.

Ich öffne mein Herz für die Freude.

Es gibt viele Situationen im Leben, in denen wir uns verschlossen und unkommunikativ fühlen, deprimiert darüber, daß wir es nicht fertigbringen, uns so zu zeigen, wie wir sind, Situationen, in denen wir uns hinter Masken und Mauern verstecken. Es ist natürlich auch eine Frage des Charakters oder des Temperaments, ob es uns leicht fällt, spontan zu sein, oder ob wir ängstlich und gehemmt im Hintergrund abwarten und die Dinge beobachten. Die Angst ist der größte Feind der Freude. Wir könnten Angst haben, durchschaut, verletzt oder bloßgestellt zu werden, oder Angst, angenehme und schöne Dinge gleich wieder zu verlieren, Angst zu versagen, Angst zu scheitern, Angst abgelehnt zu werden. Und weil wir so sehr damit beschäftigt sind, Situationen einschätzen zu wollen und Reaktionen auf bestimmte Ereignisse vorwegzunehmen, verfallen wir in einen Zustand der „Herzlähmung".

Manchmal machen wir die Tür ein klein wenig auf, aber sobald das Glück auf uns zukommt, knallen wir sie panisch wieder zu. Was wir brauchen ist Mut zur (Selbst-)Liebe und die Fähigkeit, uns spontan zu freuen. Damit wir uns öffnen können, müssen wir Löwenherzen entwickeln, den Mut, uns so zu zeigen, wie wir sind, Neugier und Spielfreude, mehr Lust auf Glücksgefühle und natürlich die Fähigkeit, uns selbst zu lieben und als das zu akzeptieren, was wir sind.

STÖRUNGEN DES ENERGIEFLUSSES IM HERZ-MERIDIAN

Ein Zuviel (ein Stau) an Energie zeigt sich in:
Zungenschmerzen, eventuell mit Geschwürbildung,
Schmerzen im Brustkorb,
Verspannungen und Steifheit im ganzen Körper,
Hysterie,
chronischer Müdigkeit,
Neigung zu häufigem Schwitzen,
Herzklopfen,
Vorwölbung im Bereich des Solarplexus,
Magenbeschwerden.
Versuch der Kontrolle über Angst und Unruhe erzeugt starke
    Spannungen.

Ein Mangel an Energie zeigt sich in:
Zungenschmerzen,
belegter Zunge bei roter Zungenspitze,
Neigung zu Angina pectoris,
Herzklopfen,
schlechter Durchblutung,
Herzmuskelschäden,
Verspannungen im Solarplexus,
feuchten Händen,
Schwächeanfällen,
Schüchternheit (Ängstlichkeit),

schwacher Willenskraft,
schlechtem Gedächtnis aufgrund mangelnder Durchblutung des
  Gehirns,
Überempfindlichkeit und Ruhelosigkeit,
geistiger Erschöpfung.

Ausgeglichener Zustand:
Vitalität und geistige Spannkraft,
Humor (Herzlichkeit),
Mut und Willensstärke,
gute Durchblutung

Ernährungstips zur Harmonisierung des Herz-Meridians finden Sie
auf Seite 134 unter der Überschrift „Ernährung zur Harmonisierung
des Perikard-Meridians".

QI GONG-ÜBUNG FÜR DEN HERZ-MERIDIAN

Setzen Sie sich mit gerade aufgerichtetem Rücken hin. Wenn Sie auf
einem Stuhl sitzen, stellen Sie beide Füße flach nebeneinander auf den
Boden. Richten Sie nun Ihre ganze Aufmerksamkeit auf Ihr Herz und
legen Sie die rechte Hand in der Herzgegend auf die Brust. Atmen Sie
tief durch die Nase ein. Dann öffnen Sie den Mund weit und atmen
kräftig aus, wobei Sie den Laut „Ha" singen. Wiederholen Sie dies
dreimal. Anschließend visualisieren Sie, wie warmes, rotes Licht Ihr
Herz umspült und durchdringt. Lächeln Sie in Ihr Herz hinein und bedanken Sie sich bei Ihrem Herzen für alle freudvollen Momente in
Ihrem Leben.

Ich lasse nur Freundliches und Aufbauendes an mich heran.

Diese Affirmation setzt voraus, daß Sie in der Lage sind zu erkennen (Dünndarm-Funktionskreis), wer Ihnen freundlich gesonnen und was aufbauend für Sie ist. Wenn dies klar ist, sollten Sie energisch abwehren, was immer Sie verletzen, in Gefahr bringen oder gar umbringen könnte. Es ist beispielsweise die Aufgabe Ihrer körpereigenen Abwehrkräfte, mit Hilfe einer ganzen Armee von Blutkörperchen erkannte Feinde zu neutralisieren oder zu vernichten. Wenn Dünndarm-Meridian und Dreifacher Erwärmer optimal zusammenarbeiten, sind wir aber auch auf anderen Ebenen sehr wirkungsvoll geschützt und können es uns leisten, uns vertrauensvoll für die angenehmen Dinge des Lebens zu öffnen. Wir können Nähe zulassen, wenn sie für uns aufbauend ist, und wir können die Beziehungen zu anderen Menschen sehr viel müheloser, konstruktiver und friedvoller gestalten.

Alle Bereiche in mir sind gut versorgt.

Auf der körperlichen Ebene bedeutet dies zum Beispiel, daß die Vitalstoffe, die wir mit unserer Nahrung aufgenommen haben, nun dorthin verteilt werden müssen, wo sie gebraucht werden. Wie wir bereits erwähnt haben, gehört dies ebenfalls zu den Aufgaben des Dreifachen Erwärmers. Der Kreislauf und das Lymphsystem sind die wichtigsten Transportwege. Dieser Transport kann aber auch behindert werden, beispielsweise durch Bewegungsmangel, durch Staus und Zähflüssigkeit innerhalb des Systems, aber auch durch zuviele Schlackstoffe, die das System überlasten. Auf der psychischen oder seelischen Ebene verhält es sich ganz ähnlich. Damit unsere Psyche funktionsfähig bleibt, müssen wir sie gut ernähren und trainieren, aber auch sauberhalten. Das heißt, wir müssen uns um regelmäßige seelische Hygiene kümmern, den psychischen Müll öfter mal entsorgen und darauf achten, daß unsere Energiekanäle frei bleiben.

Ich passe mich spielend an äußere Verhältnisse an.

Anpassungsfähigkeit ist in unserer schnellebigen, veränderlichen Zeit besonders gefragt und wird uns allen abverlangt. Selbst das Wetter mit

DREIFACHER ERWÄRMER – ENTSPRECHUNGSTABELLE

Anfangspunkte des Meridians	äußere (Richtung kleiner Finger) Nagelfalzwinkel der Ringfinger
Endpunkte des Meridians	an den Enden der Augenbrauen Richtung Schläfen
Neuro-lymphatische Punkte vorn	links und rechts des Brustbeins zwischen 2. und 3. Rippe
Neuro-lymphatische Punkte hinten	links und rechts der Wirbelsäule zwischen 2. und 3. Brustwirbel
Neuro-vaskuläre Punkte	1. an den Schläfen und 2. in der Drosselgrube
Element	ergänzendes Feuer / Yang
Farbe	Rot
Maximalzeit	21.00 bis 23.00 Uhr
Jahreszeit	Sommer
Klima	Hitze
Geschmack	bitter
Geruch	verbrannt
Körpergewebe / Körperfunktion	lymphatisches System / Wämeregulierung, Schilddrüsenfunktion,
Sinnesorgan	Tastsinn, Haut
Körperöffnungen	Ohren, Poren
Stimmlicher Ausdruck	Lachen, Kichern
Körperflüssigkeit	Schweiß
Psychische Faktoren	(s. Herz- und Dünndarm-Meridian) sowie die Fähigkeit zur Anpassung an wechselnde innere und äußere Umstände
Positive Denkmuster	Ich lasse nur Freundliches und Aufbauendes an mich heran. Alle Bereiche in mir sind gut versorgt. Ich passe mich spielend an äußere Verhältnisse an. Ich verfüge über genügend Energie, um mich erfolgreich schützen zu können.

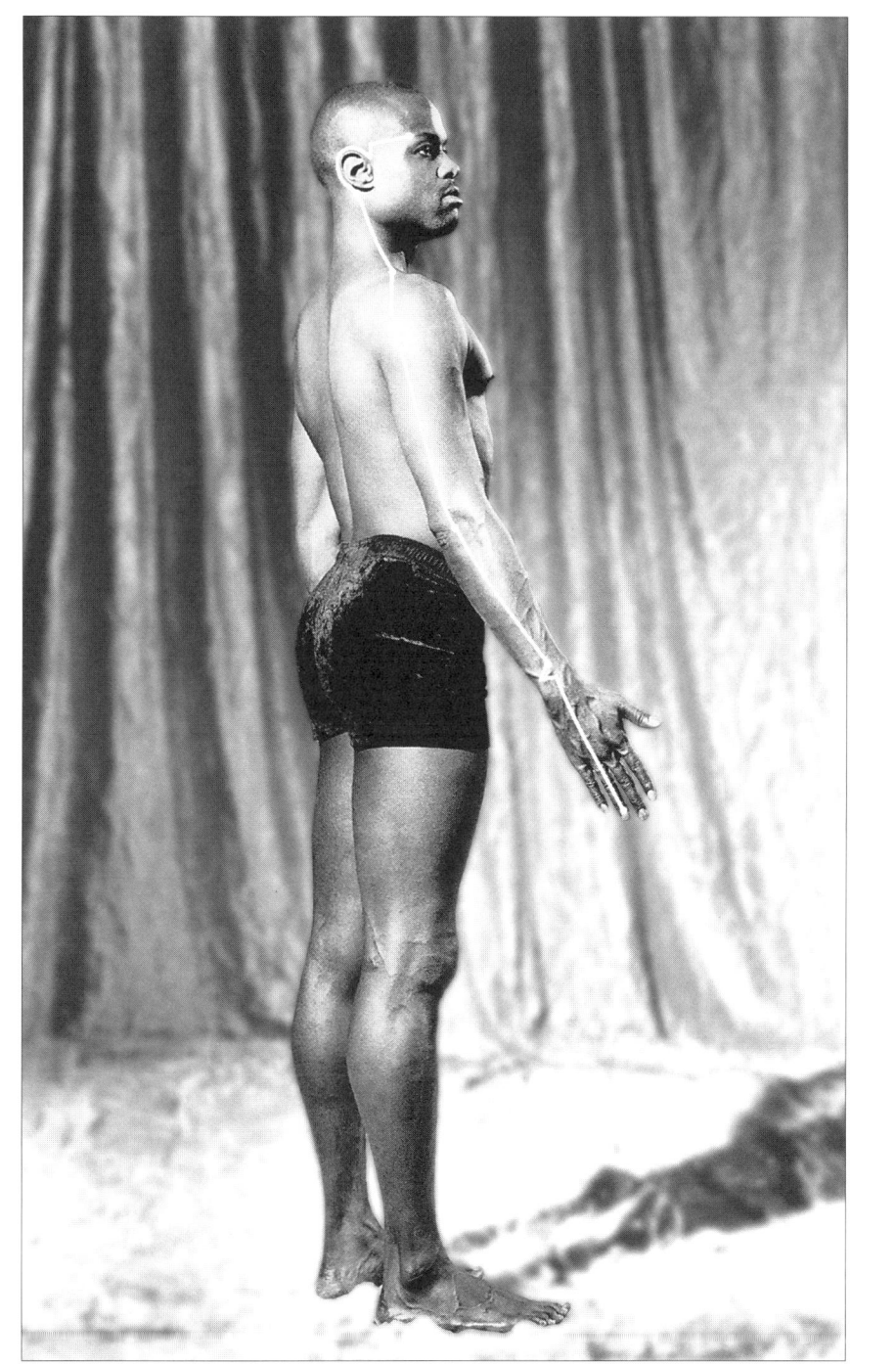

seinen Launen strapaziert unsere Anpassungsfähigkeit bisweilen sehr. Kopfschmerzen und bleierne Müdigkeit vor einer Wetteränderung (vor allem vor einem Wechsel von kalt auf warm) plagen immer mehr Menschen. Regelmäßige Besuche in der Sauna sind hier durchaus empfehlenswert, allerdings nicht für Herzkranke. Auch regelmäßige sportliche Aktivitäten (Bewegung) sind hilfreich. Um anpassungsfähig zu bleiben, müssen wir unser Feuer sowie unsere körperliche und geistige Gesundheit insgesamt pflegen. Das Leben ist ein Fluß, und jeder Augenblick kann uns mit einer völlig neuen Situation konfrontieren. Diese Tatsache mag uns einerseits Angst machen, andererseits kann sie uns aber auch eine Fülle von ungeahnten Möglichkeiten eröffnen.

Ich verfüge über genügend Energie, um mich erfolgreich schützen zu können.

Manchmal fühlen wir uns aus ganz anderen Gründen unfähig, uns seelisch oder körperlich zu schützen. Die Energie ist zwar da, aber sie ist blockiert. Wir können nicht über sie verfügen. Die Ursache für diesen Zustand kann beispielsweise ein Trauma sein oder ein emotionaler Schock, den wir in der Vergangenheit erlitten haben. Mißbrauch in der Kindheit im weitesten Sinne des Wortes (also nicht nur sexueller Mißbrauch, sondern auch gewaltsames Eindringen in die Privatsphäre eines Kindes, Gewalttätigkeiten, wiederholte identitätsverneinende Verhaltensweisen, repressive Erziehungsmaßnahmen, die von Respektlosigkeit dem Kind gegenüber begleitet sind, etc.) gehört zu den häufigsten Ursachen. In der Kindheit sind wir auf zusätzlichen Schutz angewiesen, weil wir noch nicht „stark" genug sind, um uns allein gegen alle Gefahren zu verteidigen, die in der weiten Welt auf uns lauern. Mit der Zeit und mit zunehmender Erfahrung und Übung wird unser emotionales und geistiges Abwehrsystem immer effektiver und wir sind immer besser in der Lage, uns destruktive Situationen oder Menschen „vom Hals zu halten". Solange wir das noch nicht selbst können, sorgen normalerweise unsere Eltern dafür, daß uns nichts passiert. Im besten Fall. Doch manchmal werden diejenigen, die für Schutz sorgen sollten, selbst zu Angreifern. Dann nimmt die Seele eines Kindes Schaden, und sein Verteidigungssystem (inklusive der Erkennungsmechanismen) reagiert verwirrt und mit Fehlfunktionen.

Das Ausmaß des Schadens ist abhängig von der Schwere des Traumas beziehungsweise von der Fähigkeit des Individuums, sich selbst zu heilen. Körperorientierte Therapien eignen sich besonders gut, um solche Blockaden behutsam zu lösen und den freien Fluß der Energie wiederherzustellen.

STÖRUNGEN DES ENERGIEFLUSSES IM DREIFACHEN ERWÄRMER

Weil der Dreifache Erwärmer aufgrund seiner Rolle als Energieverteiler mit praktisch allen Körperfunktionen in Verbindung steht, sind die Symptome entsprechend vielfältig. Hier werden nur einige davon aufgezählt.

Ein Zuviel (ein Stau) an Energie zeigt sich in:
Neigung zu Entzündungen der Lymphgefäße (Lymphangitis),
Fieber,
Entzündungen der Nasenschleimhaut,
Neigung zu Entzündungen allgemein,
Blutandrang im Gehirn,
erhöhtem Augendruck,
Steifheit des Nackens,
Steifheit der Arme,
Schulter-Arm-Syndrom,
Beklemmungsgefühlen im oberen, mittleren und unteren Erwärmer,
Überfunktion der Schilddrüse,
Neigung, die Hände zu Fäusten zu ballen,
geistiger Anspannung,
übervorsichtigen Reaktionen.

Ein Mangel an Energie zeigt sich in:
ständigem Frieren,
kalten Extremitäten,
Anfälligkeit für Erkältungskrankheiten,
Mandelentzündungen,
anfälligem und schwachem Lymphsystem,

Ödembildung,
Empfindlichkeit gegenüber Temperaturwechsel,
Allergien (s. Dünndarm-Meridian),
HWS-Syndrom,
Ohrgeräuschen,
Immunschwäche,
Verdauungsschwäche (z.B.Verlangsamung),
Unterfunktion der Schilddrüse,
Zwangsvorstellungen,
mangelhafte Abwehrmechanismen (man läßt sich alles gefallen),
Vergeßlichkeit.

Ausgeglichener Zustand:
starkes Immunsystem,
gute Anpassungsfähigkeiten (im weitesten Sinne des Wortes),
ausgeglichene Stoffwechselfunktionen.

DEHNÜBUNG FÜR DEN DREIFACHEN ERWÄRMER

Setzen Sie sich im Schneidersitz auf den Boden. Kreuzen Sie die Arme und legen Sie die Handrücken auf die Oberschenkel. Beugen Sie sich mit jedem Ausatmen ein wenig mehr nach vorn und versuchen Sie gleichzeitig, die Handrücken immer weiter um die Oberschenkel herum zu führen.

Diese Übung öffnet und dehnt sowohl den oberen Rücken als auch die beiden Arme. (Sie wirkt auch auf den Perikard- Meridian.) Wiederholen Sie die Übung, aber kreuzen Sie die Arme jetzt andersherum.

ERNÄHRUNG ZUR STÄRKUNG DES IMMUNSYSTEMS UND ZUR DURCHWÄRMUNG DES KÖRPERS

Einige der Nahrungsmittel, die wir in diesem Buch bereits vorgestellt haben, eignen sich hervorragend, um das Immunsystem zu stärken und dem Körper in den Wintermonaten Wärme zu spenden. Obwohl Fett gerade im Winter für Wärme im Körper sorgt, sollte man darauf achten, weniger tierische Fette zu konsumieren und mehr ungesättigte Fettsäuren in Form von kaltgepressten Ölen in die Ernährung einzubauen. Wer mehr tierische Fette zu sich nimmt, muß konsequenterweise auch mehr verbrennen, das heißt sich mehr bewegen.

Unter den Nahrungsmitteln zur Durchwärmung des Körpers sind besonders hervorzuheben:
Alle Lebensmittel, die den Darm und die Darmflora stärken (siehe Wechselwirkung zwischen Immunabwehr und Dünndarm-Funktion, Seite 111), also milchsauer eingelegtes Gemüse, Miso, Kuzu, eingelegte Umeboshi-Aprikosen, Reis. (Zucker und zuckerhaltige Nahrungsmittel sollten vermieden werden, denn sie begünstigen Entzündungen im Körper.)

Buchweizen (wärmt)
Ingwer, frisch gerieben als Gewürz oder als Tee
Zimt und Kardamom

Shiitake-Pilze (Lentinus Edodes), bitte nur in kleinen Mengen (ein Pilz pro Person und pro Tag) und nur, wenn Sie nicht zu sehr frieren, da die thermische Wirkung eher kalt ist. Besonders gut in Gemüsesuppen.

Lingzhi-Pilze (Ganoderma lucidum). Diese Pilze findet man im Westen eher als Nahrungsergänzungsmittel oder als Tee in gutsortierten Apotheken oder chinesischen Lebensmittelgeschäften.

Klettenwurzel, in Gemüseeintöpfen und Suppen oder als Tee. (Klettenwurzeln sind schwer zu bekommen. Manche Naturkostläden führen sie im Winter.) Um Klettenwurzeltee zu bereiten, schneidet man getrocknete Klettenwurzel in kleine Stücke und mischt einen Teil mit zehn Teilen Wasser. Das Ganze läßt man aufkochen und anschließend fünf bis zehn Minuten köcheln. Dieser Tee stärkt die Vitalität und den Darm.

Löwenzahnwurzeln, in Gemüseeintöpfen und Suppen oder als Tee. Für Löwenzahnwurzeltee werden die getrockneten und kleingeschnittenen Wurzelstöcke in etwas Öl geröstet und anschließend in einer Kaffeemühle zu Pulver zermahlen. Man nimmt einen Eßlöffel dieses Pulvers auf einen Liter Wasser. Diese Mischung bringt man zum Kochen und läßt sie anschließend noch fünf bis zehn Minuten lang köcheln. Dieser Tee steigert die Lebenskraft und kräftigt Magen und Darm. (Und denken Sie daran: Bitterer Geschmack wärmt den Körper.)

Vitamin C aus Früchten, z.B. Acerola-Kirsche, oder aus frischen Pflanzen, z.B. Brunnenkresse oder Petersilie

Meeresalgen: Aufgrund ihres hohen Gehalts an Vitaminen, Mineralien und Spurenelementen sind Meeresalgen hervorragende Vitalstoff-Lieferanten.

Süßwasseralgen, z.B. Spirulina platensis, enthalten ebenfalls hochkonzentrierte Vitalstoffe, einschließlich Chlorophyll, das nicht nur für Pflanzen von großer Bedeutung zu sein scheint, sondern auch für die Gesundheit aller menschlichen Körperzellen.

PERIKARD-MERIDIAN –
ENTSPRECHUNGSTABELLE

Anfangspunkte des Meridians	seitlich der Brustwarzen (von der Körpermitte weg)
Endpunkte des Meridians	innere (Richtung Zeigefinger) Nagelfalzwinkel der Mittelfinger
Neuro-lymphatischer Punkt vorn	oberer Schambeinrand
Neuro-lymphatische Punkte hinten	jeweils zwei Zentimeter links und rechts der Wirbelsäule auf der Höhe des 5. Lendenwirbels
Neuro-vaskuläre Punkte	auf den Scheitelbeinhöckern
Element	ergänzendes Feuer / Yin
Farbe	Rot
Maximalzeit	19.00 bis 21.00 Uhr
Jahreszeit	Sommer
Klima	Hitze
Geschmack	bitter
Geruch	verbrannt
Körpergewebe / Körperfunktion	Herz-Kreislauf-System / „Beschützer" des Herzens
Sinnesorgane	Zunge, Gaumen, Tastsinn
Körperöffnung	Ohren
Stimmlicher Ausdruck	Lachen, Kichern
Körperflüssigkeit	Schweiß
Psychische Faktoren	Freude, Liebesfähigkeit (auch erotische Liebesfähigkeit)
Positive Denkmuster	Mein Herz ist gut geschützt. Mein Leben ist voll Lust und Freude. Ich gebe mich meiner Partnerin / meinem Partner voller Freude hin. Ich lasse Großzügigkeit in alle Bereiche meines Lebens ein.

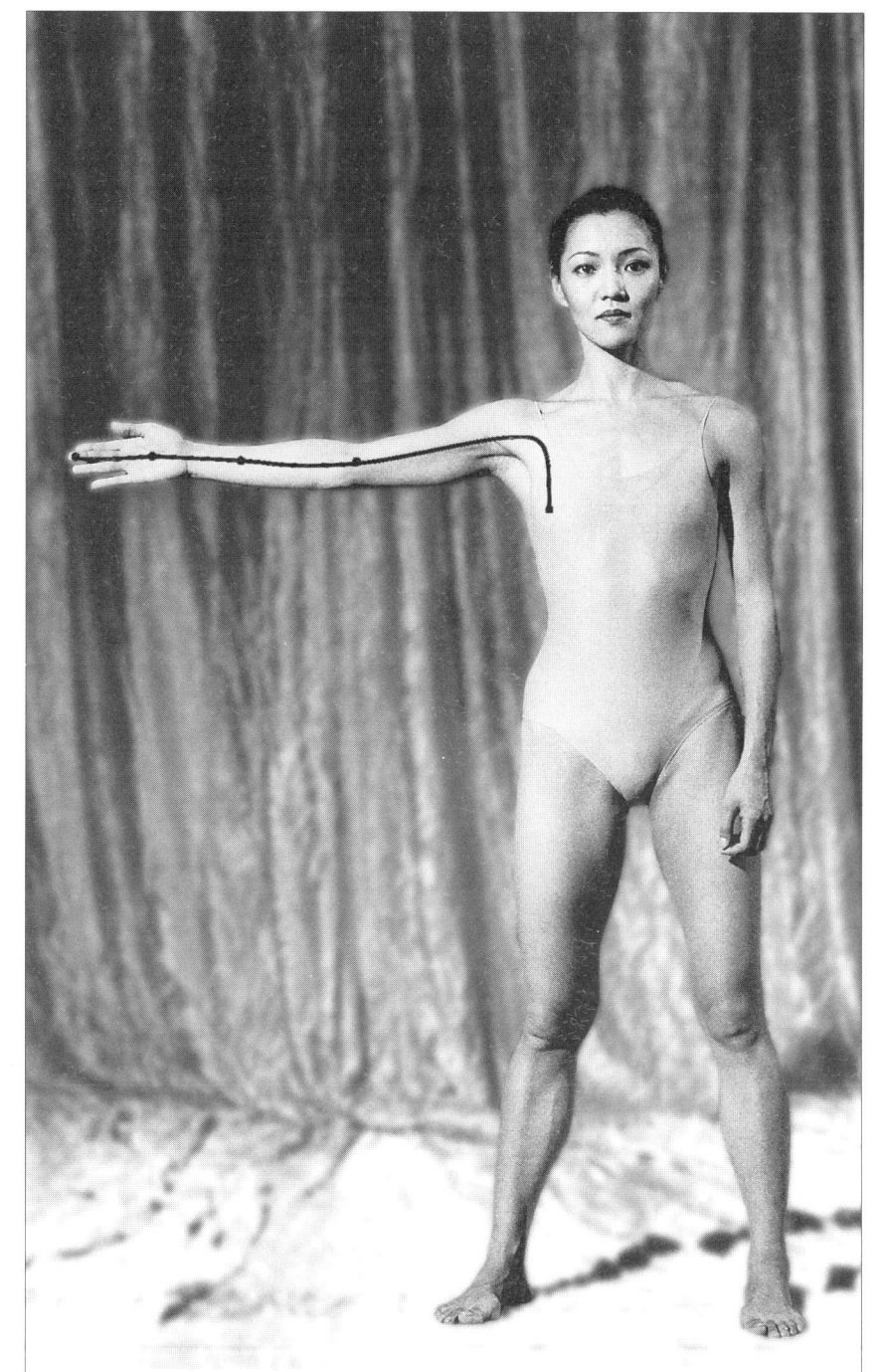

Mein Herz ist gut geschützt.

Dieser Satz erinnert uns daran, daß es einen natürlichen Schutzmechanismus in uns gibt, ein emotionales Schutzschild, das automatisch und zuverlässig in Aktion tritt, sobald Gefahren oder zu hohe Belastungen unser Herz zu überwältigen drohen. Wir können einfach darauf vertrauen, daß es so ist. Dennoch können wir zusätzlich einiges tun, um dieses Schild funktionsfähig zu erhalten oder dafür zu sorgen, daß es angemessen und präzise reagiert. Auf der körperlichen Ebene können wir für gesunde Blutgefäße und für ein gut trainiertes Herz sorgen.

Auf der seelischen oder emotionalen Ebene könnten wir versuchen, mit unseren Emotionen so umzugehen, daß sie nicht mehr drohen uns zu verschlingen. Wir könnten aufhören, uns mit unseren Emotionen zu identifizieren, indem wir sie zwar empfinden, wenn sie auftauchen, sie dann aber auch wieder gehen lassen, wie es ihrer Natur entspricht. Emotionen sind nämlich, ähnlich wie Gedanken, von Natur aus flüchtig. Allein dieses „Training" kann unserem Schutzschild eine Menge Arbeit abnehmen.

Mein Leben ist voll Lust und Freude.

Wir verfügen alle über die angeborene Fähigkeit, glücklich zu sein. Das ist eine Tatsache, die sich bei Babys und bei den Angehörigen sogenannter „primitiver" Völker noch gut beobachten läßt.

Leider sorgt unsere Lebensweise oft genug dafür, daß dieses Glückspotential schnell abstumpft. Die Spontaneität schwindet proportional zu den Lebensjahren, und die Lust auf alles, was angenehme Gefühle hervorruft, wird mit so vielen Tabus, Regeln und sogar Ängsten belastet, daß nur noch ein Bruchteil davon zugelassen wird. Um die Glücksfähigkeit zurückzuerobern, ist eine kindliche Haltung notwendig, was nicht bedeutet, daß wir unsere Reife oder unsere Vernunft einbüßen müssen. Verstaubte Konzepte und Vorurteile haben nichts mit Weisheit zu tun, im Gegenteil, sie sind sogar Hindernisse auf dem Weg zur Reife. Das Element Feuer hilft uns, die Spontaneität zu entwickeln, die notwendig ist, um jeden Augenblick voll auszukosten und das Leben feiern zu können.

Ich gebe mich meiner Partnerin / meinem Partner voller Freude hin.

Freudige Hingabe und Liebe gehören zusammen. Wenn wir uns nicht voller Freude hingeben können oder überhaupt nicht, dann bedeutet das nicht, daß wir generell unfähig zu lieben oder „kalt" (frigid) sind, wie die Medizin das grausamerweise nennt. Jede(r) von uns hat unendlich viel Liebe in sich. Wenn wir uns nicht hingeben können, dann hat das mit Verletzungen und Panzerungen zu tun, mit Angst und Unsicherheit und letztendlich mit einer grundlegenden Unwissenheit. Oft wollen wir uns hingeben, doch etwas sehr Machtvolles, das sich wie ein tonnenschweres Gewicht oder ein dunkler Mantel aus Blei anfühlt, hält uns zurück. Das ist schmerzhaft und wir leiden darunter, auch wenn wir es mit Arroganz oder gespielter Gleichgültigkeit zu vertuschen versuchen. Manchmal spielen wir böse Spielchen mit unserem Partner, um unsere Lust auf Sex oder Hingabe zu stimulieren. Aber das sind und bleiben Notlösungen, obwohl sie zur Routine werden können. Menschen haben Zugang zu einer ganz anderen Qualität von Sexualität, bei der Hingabe nicht nur eine körperlich-sexuelle Rolle spielt. Hier geht es vor allem um Selbst-Liebe und Selbst-Akzeptanz auf allen Ebenen. Lassen Sie sich nicht von alltäglichen Erfordernissen, von eingefahrenen Verhaltensweisen und althergebrachten Gewohnheiten, von engherzigen und kleinlichen Reaktionsmustern lenken. Wagen Sie, sich mit Ihrem ganzen Herzen und Ihrem ganzen Wesen, mit jeder Zelle Ihres Körpers auf einer tieferen Ebene mit ihrem Partner einzulassen.

Ich lasse Großzügigkeit in alle Bereiche meines Lebens ein.

Großzügigkeit ist nicht nur eine Handlungsweise, sondern auch eine innere Haltung, die nach und nach alle Bereiche unserer Persönlichkeit und unseres Lebens durchdringt, wenn wir sie einmal zugelassen haben. Der größte Feind der Großzügigkeit ist die Angst, selbst zu kurz zu kommen. Anders ausgedrückt, solange man kein Vertrauen in sich und in das Leben hat, kann sich keine Großzügigkeit entwickeln. Großzügigkeit läßt sich jedoch trainieren. Wenn wir uns beispielsweise immer wieder überwinden und anderen etwas geben, obwohl wir selbst Angst vor Armut haben, erfahren wir mit der Zeit zwei Dinge:

Erstens sind wir dadurch nicht unbedingt selbst in eine Notsituation geraten und zweitens ist dadurch, daß wir etwas weggegeben haben, ein Glücksgefühl in das Leben der Beschenkten, aber auch in unser eigenes Leben gekommen. Wahre Großzügigkeit basiert auch auf der inneren Überzeugung, daß das Universum voller Reichtümer ist und daß es genug für alle gibt (also auch für uns).

STÖRUNGEN DES ENERGIERFLUSSES IM PERIKARD-MERIDIAN

Ein Zuviel (ein Stau) an Energie zeigt sich in:
Störungen der Herzfunktion,
Blutdruckanomalie (eher hoher Blutdruck),
Schwindelgefühl und Kopfschmerzen,
Schmerzen unter dem Brustbein,
Verspannungen im Oberbauch beziehungsweise am Solarplexus,
Neigung zu Angina pectoris,
„Panzerherz",
Zungengeschwüre,
Schlaflosigkeit,
gestörtes Sexualleben,
innere Unruhe,
Neigung zu starken Neurosen.

Ein Mangel an Energie zeigt sich in:
Störungen der Herzfunktion,
Müdigkeit,
Blutdruckanomalie,
Schlafstörungen,
schlechte Durchblutung der Extremitäten,
Herzklopfen,
innere Unruhe,
Neigung zu starken Neurosen.
In beiden Fällen, vor allem aber bei Energiemangel,
    besteht ein Herzinfarkt-Risiko.

Ausgeglichener Zustand:
normaler Blutdruck,
starkes, belastbares Herz,
natürliches erotisches Empfinden,
ausgeglichenes Sexualleben,
allgemeine Ausgeglichenheit.

QI GONG-ÜBUNG FÜR DEN PERIKARD-MERIDIAN

Setzen Sie sich mit gerade aufgerichtetem Rücken hin. Wenn Sie auf einem Stuhl sitzen, stellen Sie beide Füße flach nebeneinander auf den Boden. Richten Sie nun Ihre ganze Aufmerksamkeit auf Ihr Herz und legen Sie die rechte Hand in der Herzgegend auf die Brust. Atmen Sie tief durch die Nase ein. Dann öffnen Sie den Mund weit und atmen kräftig aus, wobei Sie den Laut „Ha" singen. Wiederholen Sie dies dreimal. Anschließend visualisieren Sie, daß warmes rotes Licht wie ein schützender Mantel um Ihr Herz und durch sämtliche Blutgefäße Ihres Körpers fließt. Wenn Ihnen diese Vorstellung unbehaglich ist, verwandeln Sie das rote Licht in zartrosafarbenes Licht oder beenden die Übung mit dem Singen des Lautes, ohne zu visualisieren. Lächeln Sie in Ihren Körper hinein.

ERNÄHRUNG ZUR HARMONISIERUNG DES PERIKARD-MERIDIANS

Folgende (z. T. kühlende) Nahrungsmittel sind bei Bluthochdruck (Hypertonie) zu empfehlen:

Sellerie in jeder Form (Stangen, Knollen, Saft; in Suppen und Gemüseeintöpfen)

Alle Kürbisarten, wobei der kleine Hokkaido-Kürbis zu bevorzugen ist.

Azukibohnen, Mungbohnen und schwarze Sojabohnen, beispielsweise als „Trank der drei Bohnenarten des Bian Que"

Bian Que war ein legendärer Arzt aus dem 5. Jahrhundert vor Christus. Von ihm soll dieses Rezept stammen:

12 Gramm Azukibohnen, 12 Gramm Mungbohnen, 12 Gramm schwarze Sojabohnen und 3 Gramm Süßholzwurzel werden solange in Wasser gekocht, bis die Bohnen weich sind. Von diesem Gericht ißt man täglich zwei Portionen und trinkt die Kochflüssigkeit dazu.

Mais

Weizen und gekeimter Weizen

Hafer in jeder Form, auch als Kleie

Wasserkastanien

Melonen

Heidelbeeren

Äpfel, Birnen

Grüner Tee, Chrysanthemenblütentee

Brauntang (Wakame), z.B. als Ente mit Wakame (siehe Seite 95)

Krebse

Tintenfisch

Austern

Weitere Lebensmittel zur Stärkung des Perikard-Meridians:
Pinienkerne
Walnüsse
Haselnüsse
Sonnenblumenkerne, besonders zerstoßen in Selleriesaft
Knoblauch
Löwenzahn
Spinat
Karotten
Maulbeerfrüchte
Weintrauben
Sesam

Pillen aus Sesam mit Maulbeerblättern
Aus der jeweils gleichen Menge zermahlener, getrockneter Maulbeer-
blätter und schwarzer, gerösteter Sesamkörper werden mit Honig Pillen geformt. Davon nimmt man täglich 10 bis 15 Gramm ein. Diese
Pillen sind besonders hilfreich bei Tinitus und Drehschwindel.

Gomasio – Würzsalz mit Sesamkörnern
Gomasio ist ein Salz- oder Gewürz-Ersatz für alle Menschen, die ihren Salzkonsum reduzieren möchten, ohne auf Geschmack verzichten
zu müssen. Je nach gewünschter Salzigkeit nimmt man 16 bis 18 Teile
Sesamsamen (hell oder schwarz) auf ein Teil Salz. Diese Mischung
wird in einer Pfanne ohne Fett geröstet, bis sie zu duften beginnt. Anschließend wird sie in einem Mörser fein zermahlen und in Gläsern
aufbewahrt.

3. TEIL

KINESIOLOGIE

Stärkungstechniken aus der Kinesiologie (= Lehre der Bewegung) helfen, die Energie in den Meridianen zum Fließen zu bringen beziehungsweise am Fließen zu erhalten, die Selbstheilungskräfte des Körpers zu aktivieren und uns von emotionalem Streß zu befreien. Wenn die Energie frei durch unseren Körper fließt, fühlen wir uns fit und gesund und verfügen über genügend Energiereserven, um Streßsituationen, Probleme oder Krankheiten bewältigen zu können.

Die meisten hier genannten Methoden aus der Kinesiologie entstammen dem Energieausgleichungssystem Touch for Health (Gesund durch Berühren). Dieses System wurde auf der Grundlage dessen entwickelt, was amerikanische Chiropraktiker wie Dr. George Goodheart erforschten. Goodheart fand heraus, daß die einzelnen Muskelpartien im Körper miteinander korrespondieren und in Beziehung zu Organen und Meridianen stehen. Dr. John Thie entwickelte das System weiter.

Das wichtigste Handwerkszeug eines Kinesiologen ist der Muskeltest. Mit Hilfe des Muskeltests können energetische Störungen identifiziert und korrigiert werden. Im Touch for Health wird mit mehr als vierzig verschiedenen Muskeltests gearbeitet, um herauszufinden, welche Meridiane mit Energie unter- oder überversorgt sind. In einer bestimmten Reihenfolge testet man verschiedene Muskeln am Ober- und Unterkörper, um über ihre Reaktionen herauszufinden, wo die Energie blockiert ist. Der Muskel bleibt auf leichten Druck entweder „angeschaltet" oder er „schaltet ab".

Indem man zur Korrektur „abgeschalteter" Muskeln beispielsweise an neuro-lymphatischen oder neuro-vaskulären Punkten arbeitet, wirkt man nicht nur positiv auf den Energiefluß in den betreffenden Meridianen ein, sondern stimuliert außerdem schwache oder verkrampfte Muskeln und verbessert falsche Körperhaltungen, was sich wiederum positiv auf die Versorgung der inneren Organe auswirkt. Damit wird der Körper in die Lage versetzt, seine angeborene Intelligenz einzusetzen, um ganz von selbst zu gesunden.

In der Kinesiologie wird der Mensch als Ganzes betrachtet. Daher arbeiten wir nicht nur auf der strukturellen und auf der energetischen Ebene, sondern beziehen auch den emotionalen Zustand mit ein. Das Arbeiten mit positiven Denkmustern kann uns helfen, Blockaden im Gefühlsbereich und im Bereich der Glaubens- oder Überzeugungsmuster aufzuspüren und zu beseitigen.

138

Was wir Ihnen in diesem Buch vorstellen, ist als Hilfe zur Selbsthilfe gedacht. Daher konzentrieren wir uns darauf, Sie mit den verschiedenen Stärkungsmethoden vertraut zu machen, die Sie jederzeit und überall anwenden können. Das wird Sie in die Lage versetzen, sich selbst zu helfen, unabhängig von anderen Personen, denn Sie brauchen dafür nichts als Ihre eigenen Hände.

Der Vollständigkeit halber werden wir an späterer Stelle aber auch noch beschreiben, wie der Muskeltest ausgeführt wird (siehe Seite 171). Auf dem Muskeltest basiert der kinesiologische Selbsttest, den Sie ebenfalls für sich allein anwenden können.

ZENTRALGEFÄSS UND GOUVERNEURSGEFÄSS

Diese beiden Meridiane bilden, unabhängig von den bereits beschriebenen zwölf Meridianen, einen eigenen Energiekreislauf im Körper und sind daher keinem Element zugeordnet. Sie verlaufen in der Mitte des Körpers, das Zentralgefäß auf der Vorderseite und das Gouverneursgefäß auf der Rückseite. Diesen beiden Meridianen sind keine Farben, Jahreszeiten, Gerüche und so weiter zugeordnet. In der Kinesiologie spielen sie neben den zwölf Hauptmeridianen eine wichtige Rolle.

ZENTRALGEFÄSS –
ENTSPRECHUNGSTABELLE

Anfangspunkt des Meridians	in der Mitte des Schambeins
Endpunkt des Meridians	unterhalb der Mitte der Unterlippe in einer Vertiefung
Neuro-lymphatische Punkte vorn	beginnend zwischen 1. und 2. Rippe (direkt unter dem Schlüsselbein) vor dem Schultergelenk bis etwa 10 Zentimeter in Richtung Brust
Neuro-lymphatische Punkte hinten	links und rechts der Wirbelsäule, oberhalb der Stelle, wo der Schädel auf dem Nacken ruht
Neuro-vaskuläre Punkte	auf den Stirnbeinhöckern sowie auf der Fontanelle
Yin/Yang	Yin-Meridian
Positive Denkmuster	Ich bin erfolgreich in allem, was ich tue. Ich drücke mich frei und ehrlich aus. Ich bin klar in meinem Denken und Handeln. Ich erreiche mit Leichtigkeit, was ich mir wünsche.

Übung zum Schutz vor negativen Energien oder Einflüssen von außen

Stellen Sie sich entspannt hin, wobei Sie darauf achten sollten, daß das Becken locker hängt und die Knie nicht durchgedrückt sind. Atmen Sie tief ein und aus. Streichen Sie nun mit beiden Händen den Meridian entlang, und zwar in Richtung seines Verlaufs: vom Schambein hoch bis unter die Unterlippe. Bewegen Sie Ihre Hände dann in einem Bogen nach unten und wiederholen Sie das Ganze mindestens vier- bis fünfmal.

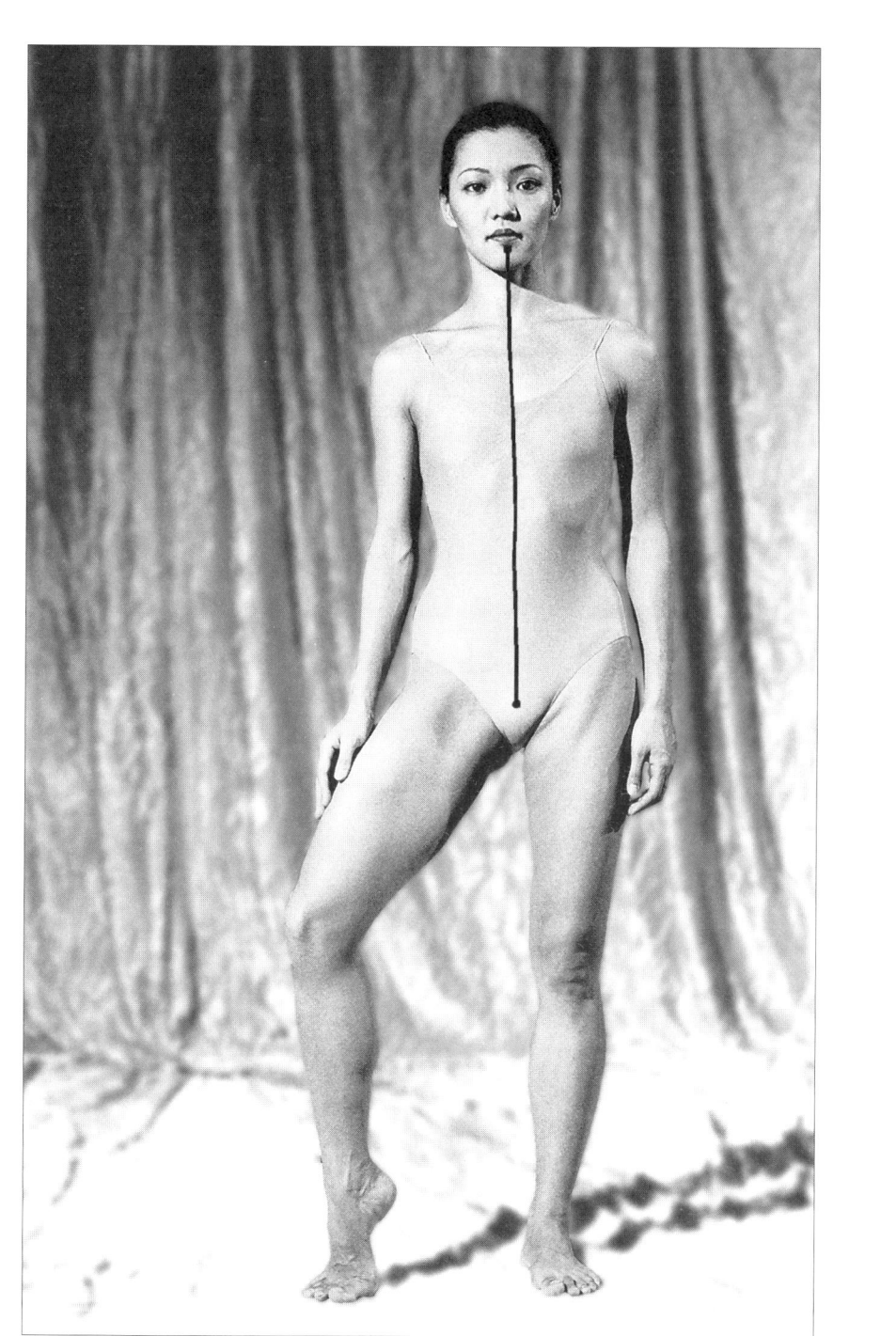

GOUVERNEURSGEFÄSS – ENTSPRECHUNGSTABELLE

Anfangspunkt des Meridians	unterhalb des Steißbeins
Endpunkt des Meridians	oberhalb der Mitte der Oberlippe
Neuro-lymphatische Punkte vorn	links und rechts des Brustbeins jeweils 4 Zentimeter zwischen der 2. und 3. Rippe
Neuro-lymphatische Punkte hinten	links und rechts der Wirbelsäule zwischen 2. und 3. Brustwirbel
Neuro-vaskuläre Punkte	an den Schläfen
Yin/Yang	Yang-Meridian
Positive Denkmuster	Ich ermutige mich und andere. Ich akzeptiere mich so, wie ich bin. Ich kooperiere mit anderen. Ich bin interessiert und motiviert.

Um sowohl das Zentralgefäß als auch das Gouverneursgefäß zu aktivieren, ist die auf Seite 162 beschriebene Übung 3 sehr hilfreich. Die Übung vereint Kopf und Körper sowie Gegenwart (Körpervorderseite) und Vergangenheit (Körperrückseite). Wenn Sie anschließend noch Übung 1 (Seite 160) machen, haben Sie auch noch Ihre linke und rechte Gehirnhälfte beziehungsweise Ihre linke und rechte Körperseite miteinander verbunden.

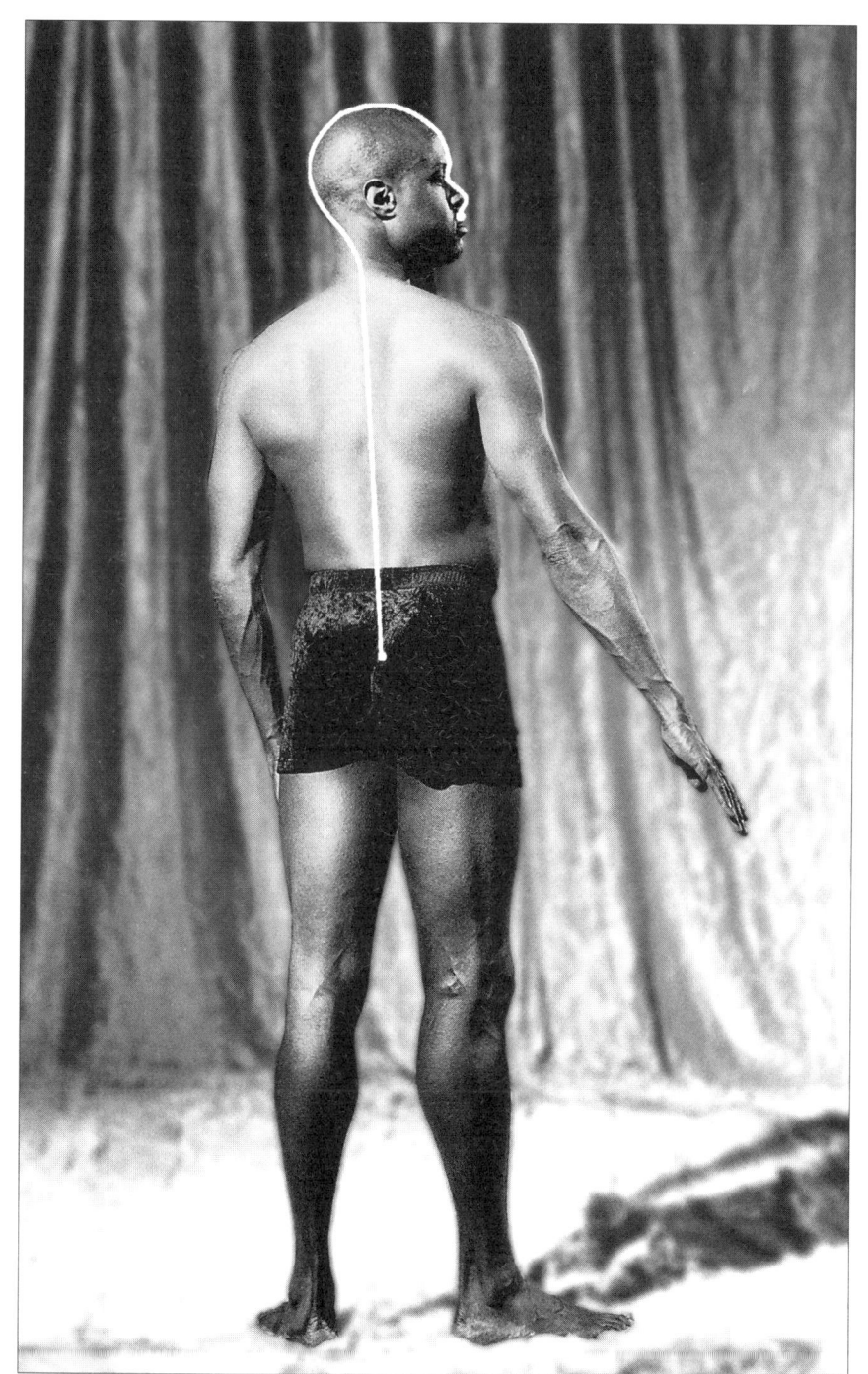

SO AKTIVIEREN SIE DIE ENERGIE IN DEN MERIDIANEN

In der Kinesiologie aktivieren wir die Energie in den Meridianen in einer bestimmten Reihenfolge. Wir benutzen dazu die Meridian-Uhr. Die zwölf Meridiane gehen ineinander über und bilden dadurch einen Energiekreislauf. Die Meridian-Uhr zeigt uns den Energiekreislauf während eines Tages von 24 Stunden.

Jeder Meridian arbeitet zwei Stunden lang besonders intensiv. Um unsere Energie ins Gleichgewicht zu bringen, beginnen wir mit dem Magen-Meridian, der seine Maximal(-arbeits)zeit zwischen 7.00 und

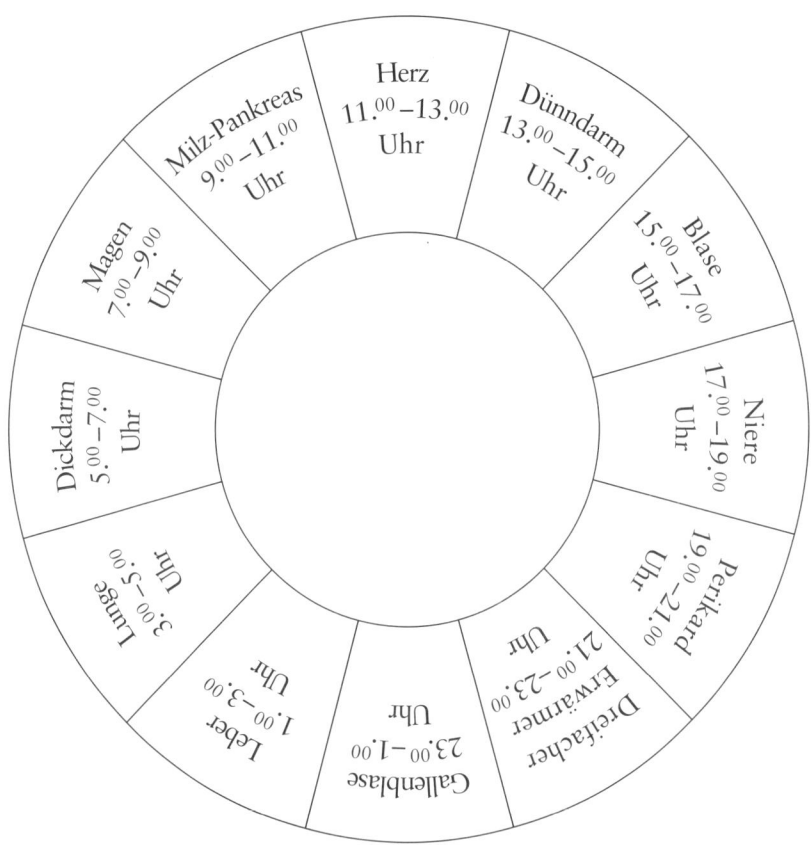

Meridian-Uhr

9.00 Uhr hat, machen weiter mit dem Milz-Pankreas-Meridian (9.00 bis 11.00 Uhr) und arbeiten uns dann nach der Meridian-Uhr weiter vor, bis wir mit dem Dickdarm-Meridian (5.00 bis 7.00 Uhr) enden und damit den Kreis wieder schließen.

Entscheiden Sie sich für eine der kinesiologischen Stärkungsmethoden: Massage der neuro-lymphatischen Punkte, Berühren der neuro-vaskulären Punkte, Berühren der Anfangs- und Endpunkte der Meridiane oder „Bürsten" der Meridiane. Mit Hilfe des kinesiologischen Selbsttests (Seite 174) können Sie auch herausfinden, welche Methode zum jetzigen Zeitpunkt die für Sie beste ist. Die Anwendung einer dieser Methoden ist in der Regel ausreichend. Sie können natürlich auch alle der Reihe nach einsetzen.

Beginnen Sie nun mit der von Ihnen gewünschten Methode, den Magen-Meridian zu aktivieren. Gehen Sie dann nach der Meridian-Uhr weiter, bis Sie beim Dickdarm-Meridian angekommen sind. Um das Ganze abzurunden, stärken Sie zum Schluß das Zentralgefäß und das Gouverneursgefäß.

NEURO-LYMPHATISCHE PUNKTE

Das Lymphsystem mit seinem weitverzweigten Gefäßnetz dient dazu, alle Bereiche des Körpers mit Hormonen, Nähr- und Botenstoffen, Antikörpern und weißen Blutkörperchen zu versorgen. Außerdem entsorgt es viele toxische Substanzen beziehungsweise transportiert sie aus dem Bindegewebe ins Blut zurück, wo sie zu den Entgiftungs- und Ausscheidungsorganen weitergeleitet werden. Desweiteren produziert das Lymphsystem spezifische Abwehrzellen (z.B. Lymphozyten) im lymphatischen Gewebe der Milz und der Lymphknoten. Ein zu träges Lymphsystem kann für Muskelschwächen verantwortlich sein.

Wenn Sie die Energie über das Lymphsystem ausgleichen wollen, massieren Sie die dem Meridian entsprechenden neuro-lymphatischen Punkte, die sich auf der Vorderseite und Rückseite Ihres Körpers befinden. Aufgrund der hohen Belastung (Ernährung, Umweltverschmutzung), der unser Lymphsystem ausgesetzt ist, bringt eine Stimulierung der neuro-lymphatischen Punkte oft die schnellste und beste Veränderung.

Neuro-lymphatische Punkte vorn: Um die richtigen Stellen zur Aktivierung des neuro-lymphatischen Systems zu finden, müssen Sie Ihre Rippen zählen. Denken Sie bitte daran, daß die erste Rippe direkt unter dem Schlüsselbein liegt, das heißt, das Schlüsselbein gilt als erste Rippe. Führen Sie Ihre Finger langsam von einem Rippenzwischenraum zum nächsten und zählen Sie dabei, bis Sie zur entsprechenden Stelle kommen. Vertrauen Sie zunächst einfach darauf, daß Sie die richtigen Punkte finden. Wenn Sie sich nicht ganz sicher sind, massieren Sie einfach großflächig. Sie werden im Laufe der Zeit ein immer besseres Körpergefühl entwickeln.

Neuro-lymphatische Punkte hinten: Um den ersten Brustwirbel zu finden, beugen Sie Ihren Kopf weit nach vorne. Der Wirbel, der jetzt hervortritt, ist der siebte Halswirbel. Der darunter liegende Wirbel ist der erste Brustwirbel. Führen Sie auch hier die Fingerspitzen von einem Wirbel zum nächsten, während Sie die Wirbel zählen, bis Sie an der gewünschten Stelle angekommen sind. Massieren Sie die Punkte (am besten mit je zwei Fingerspitzen)15 bis 20 Sekunden lang mit

146

leichtem Druck. Es kann sein, daß die Punkte, vor allem die auf der Vorderseite des Körpers, etwas druckempfindlich sind. Gehen Sie also sorgsam vor. Grundsätzlich können Sie davon ausgehen, daß die empfindlichsten Punkte die behandlungsbedürftigsten sind.

So erreichen Sie die neuro-lymphatischen Punkte auf der Rückseite Ihres Körpers: Füllen Sie zwei Tennisbälle in eine Socke und verknoten Sie diese. Stellen Sie sich an die Wand und plazieren Sie die Bälle so zwischen Wand und Rücken, daß sie links und rechts Ihrer Wirbelsäule aufliegen. Drücken Sie den Rücken leicht gegen die Bälle und bewegen Sie ihn von oben nach unten und von unten nach oben, indem Sie die Knie beugen und strecken.

ALLE NEURO-LYMPHATISCHEN (N-L) PUNKTE AUF EINEN BLICK

Magen-Meridian
n-l Punkt vorn: nur auf der linken Körperseite zwischen 5. und
 6. Rippe
n-l Punkte hinten: links und rechts der Wirbelsäule zwischen
 5. und 6. Brustwirbel

Milz-Pankreas-Meridian
n-l Punkt vorn: nur auf der linken Körperseite in einer Kuhle
 zwischen 7. und 8. Rippe.
n-l Punkte hinten: links und rechts der Wirbelsäule zwischen
 7. und 8. Brustwirbel

Herz-Meridian
n-l Punkte vorn: links und rechts des Brustbeins zwischen 2. und
 3. Rippe
n-l Punkte hinten: links und rechts der Wirbelsäule zwischen
 2. und 3. Brustwirbel

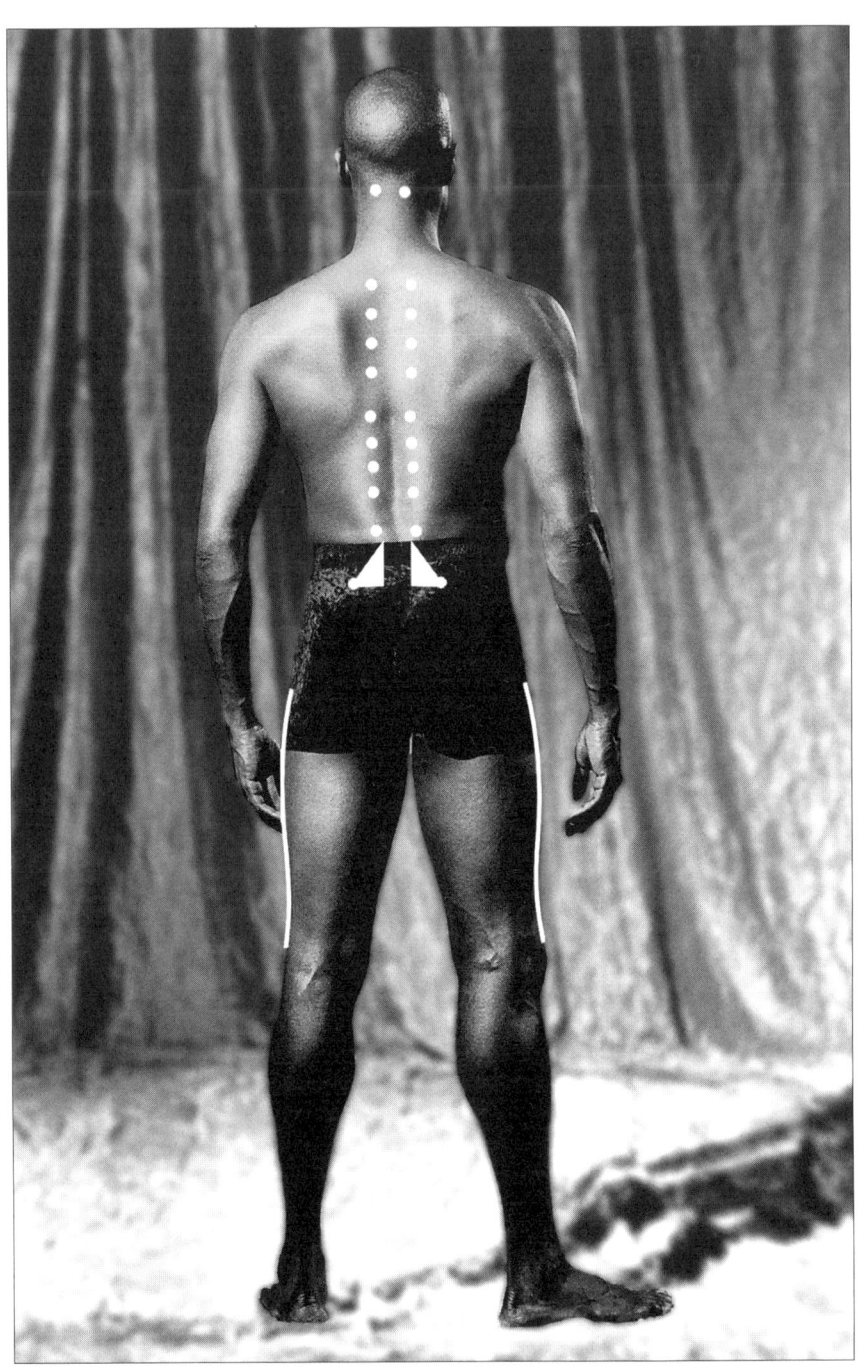

Neuro-lymphatische Punkte hinten

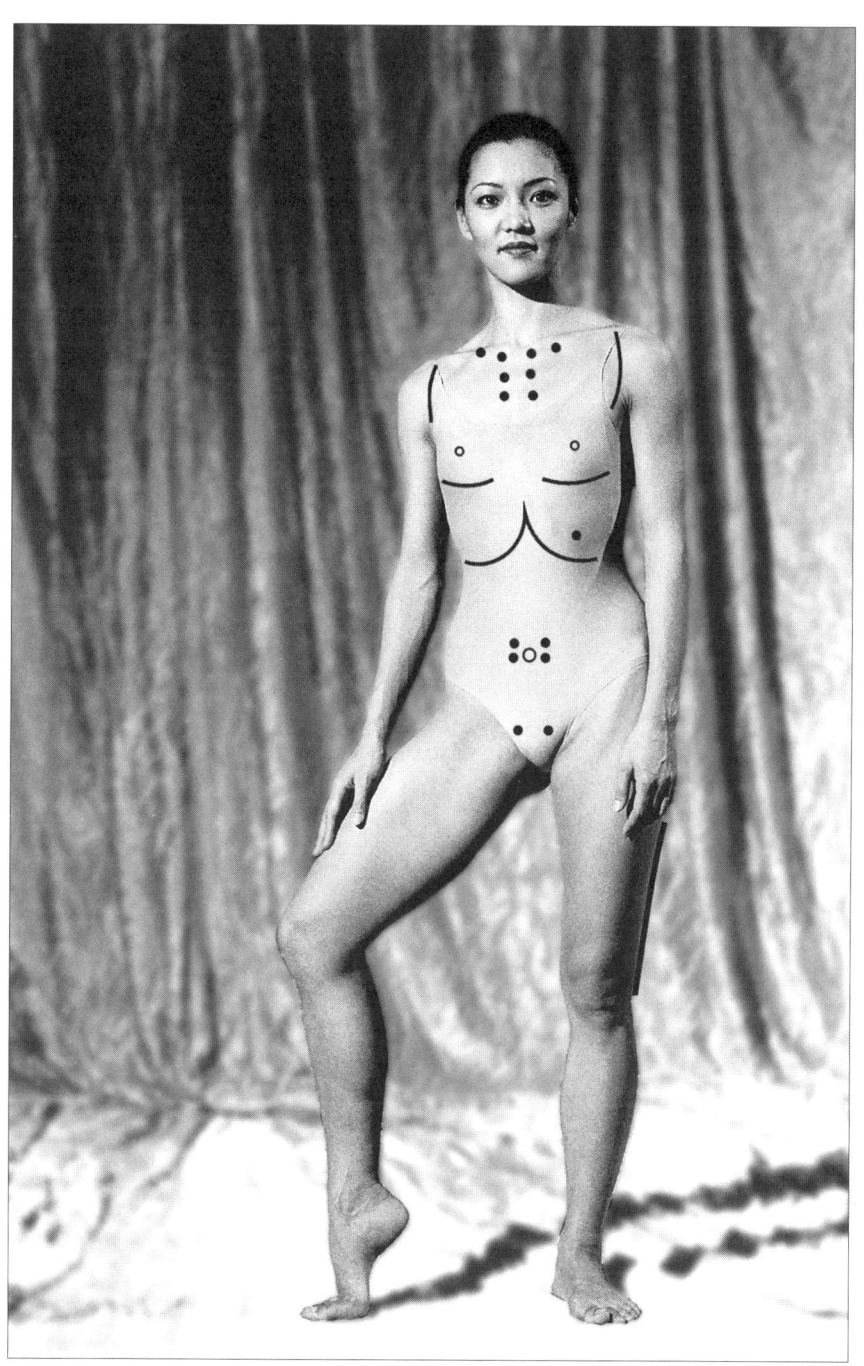

Neuro-lymphatische Punkte vorn

Dünndarm-Meridian
n-l Punkte vorn: entlang des Rippenbogens
n-l Punkte hinten: links und rechts der Wirbelsäule zwischen
  8. und 9., 9. und 10. sowie 10. und 11. Brustwirbel

Blasen-Meridian
n-l Punkte vorn: jeweils zwei Zentimeter links und rechts des
  Nabels sowie am oberen Schambeinrand
n-l Punkte hinten: jeweils zwei Zentimeter links und rechts der
  Wirbelsäule auf der Höhe des 5. Lendenwirbels

Nieren-Meridian
n-l Punkte vorn: jeweils zwei Zentimeter oberhalb und links und
  rechts des Nabels
n-l Punkte hinten: links und rechts der Wirbelsäule zwischen
  12. Brustwirbel und 1. Lendenwirbel

Perikard-Meridian
n-l Punkt vorn: oberer Schambeinrand
n-l Punkte hinten: jeweils zwei Zentimeter links und rechts der
  Wirbelsäule auf der Höhe des 5. Lendenwirbels

Dreifacher Erwärmer
n-l Punkte vorn: links und rechts des Brustbeins zwischen 2. und
  3. Rippe
n-l Punkte hinten: links und rechts der Wirbelsäule zwischen
  2. und 3. Brustwirbel

Gallenblasen-Meridian
n-l Punkte vorn: links und rechts des Brustbeins zwischen 3. und
  4. Rippe sowie zwischen 4. und 5. Rippe
n-l Punkte hinten: links und rechts der Wirbelsäule zwischen
  3. und 4. Brustwirbel sowie zwischen 4. und 5. Brustwirbel

Leber-Meridian
n-l Punkt vorn: nur auf der rechten Körperseite zwischen 5. und
  6. Rippe

150

n-l Punkt hinten: nur rechts von der Wirbelsäule zwischen 5. und
  6. Brustwirbel

Lungen-Meridian
n-l Punkte vorn: links und rechts des Brustbeins zwischen 3. und
  4. Rippe sowie zwischen 4. und 5. Rippe
n-l Punkte hinten: links und rechts der Wirbelsäule zwischen
  3. und 4. Brustwirbel sowie zwischen 4. und 5. Brustwirbel

Dickdarm-Meridian
n-l Punkte vorn: an den Außenseiten der Oberschenkel von den
  Knien bis zur Hüfte
n-l Punkte hinten: dreieckige Stellen zwischen 2. und
  4. Lendenwirbel

Zentralgefäß
n-l Punkte vorn: beginnend zwischen 1. und 2. Rippe
  (direkt unter dem Schlüsselbein) vor dem Schultergelenk bis
  etwa zehn Zentimeter in Richtung Brust
n-l Punkte hinten: links und rechts der Wirbelsäule, über der Stelle,
  wo der Schädel auf dem Nacken ruht

Gouverneursgefäß
n-l Punkte vorn: links und rechts des Brustbeins jeweils vier
  Zentimeter zwischen der 2. und 3. Rippe
n-l Punkte hinten: links und rechts der Wirbelsäule zwischen
  2. und 3. Brustwirbel

NEURO-VASKULÄRE PUNKTE

Die neuro-vaskulären Punkte gehören zum Blutsystem. Indem wir sie stimulieren, regen wir die Durchblutung in den Muskeln und Organen an. Die Punkte, die sich fast alle am Kopf befinden, werden sanft mit zwei oder drei Fingerspitzen etwa zwanzig Sekunden lang berührt. Vielleicht spüren Sie beim Berühren einen leichten Pulsschlag in Ihren Fingerspitzen. Wenn es sich, wie beispielsweise bei den Stirnbeinhöckern, um zwei Punkte handelt, sollten Sie diese so lange berühren, bis Sie einen gleichmäßigen Pulsschlag auf beiden Seiten fühlen. Auch hier mag es vielleicht ein Weilchen dauern, bis Sie das nötige Gefühl entwickelt haben. Wenn Sie sich nicht sicher sind, ob Sie die richtigen Punkte gefunden haben, legen Sie einfach die Innenfläche aller Finger auf die entsprechenden Stellen.

SO FINDEN SIE DIE PUNKTE

Stirnbeinhöcker: Fahren Sie mit Zeigefinger und Daumen einer Hand langsam von der Mitte der Augenbrauen in Richtung Haaransatz, bis Sie links und rechts eine leichte Erhöhung spüren. Das sind Ihre Stirnbeinhöcker. Um die Stirnbeinhöcker zu berühren, können Sie aber auch die ganze Hand auf Ihre Stirn legen.

Scheitelbeinhöcker: Wenn Sie langsam mit drei bis vier Fingern an den Ohren beginnend in Richtung Kopfdecke fahren, finden Sie ungefähr auf halber Strecke leichte Erhebungen. Auch diese Punkte können Sie zur Stimulierung mit den Handflächen berühren.

Hinterhaupthöcker: Ziehen Sie einen imaginären Mittelscheitel bis zum Nacken. Wenn Sie langsam mit den Fingern vom Nacken Richtung Kopfdecke fahren, finden Sie jeweils zwei bis drei Zentimeter links und rechts dieser Linie die Hinterhaupthöcker. Sie können auch einfach eine Hand auf Ihren Hinterkopf legen. Damit haben Sie die Punkte ebenfalls abgedeckt.

Fontanelle: Legen Sie einen Ihrer Handballen auf die Nasenwurzel. An der Stelle, wo die Spitze Ihres Mittelfingers aufliegt, befindet sich Ihre Fontanelle.

Drosselgrube: Berühren Sie mit drei Fingern die Einbuchtung oberhalb Ihres Brustbeins, in der Mitte zwischen den Schlüsselbeinen.

Glabella: Die Glabella ist die Stelle zwischen Ihren Augenbrauen direkt über der Nasenwurzel. Berühren Sie die Stellen links und rechts zwischen Glabella und Augenbrauen.

Schläfen: Die zu berührenden Stellen liegen oberhalb des Kiefergelenks im Haaransatz.

Haaransatz: Sie finden die entsprechenden Punkte im oberen Haaransatz, am Ende einer senkrechten Linie, die an den äußeren Augenlidwinkeln beginnt.

ALLE NEURO-VASKULÄREN (N-V) PUNKTE AUF EINEN BLICK

Magen-Meridian
n-v Punkte: auf den Stirnbeinhöckern

Milz-Pankreas-Meridian
n-v Punkte: auf den Scheitelbeinhöckern

Herz-Meridian
n-v Punkt: auf der Fontanelle

Dünndarm-Meridian
n-v Punkte: auf den Scheitelbeinhöckern

Blasen-Meridian
n-v Punkte: auf den Stirnbeinhöckern sowie links und rechts der Glabella

Nieren-Meridian
n-v Punkte: auf den Hinterhaupthöckern

Perikard-Meridian
n-v Punkte: auf den Scheitelbeinhöckern

Dreifacher Erwärmer
n-v Punkte: an den Schläfen sowie in der Drosselgrube

Gallenblasen-Meridian
n-v Punkt: auf der Fontanelle

Leber-Meridian
n-v Punkte: am oberen Haaransatz

Lungen-Meridian
n-v Punkt: auf der Fontanelle

Dickdarm-Meridian
n-v Punkte: auf den Scheitelbeinhöckern

Zentralgefäß
n-v Punkte: auf den Stirnbeinhöckern sowie auf der Fontanelle

Gouverneursgefäß
n-v Punkte: an den Schläfen

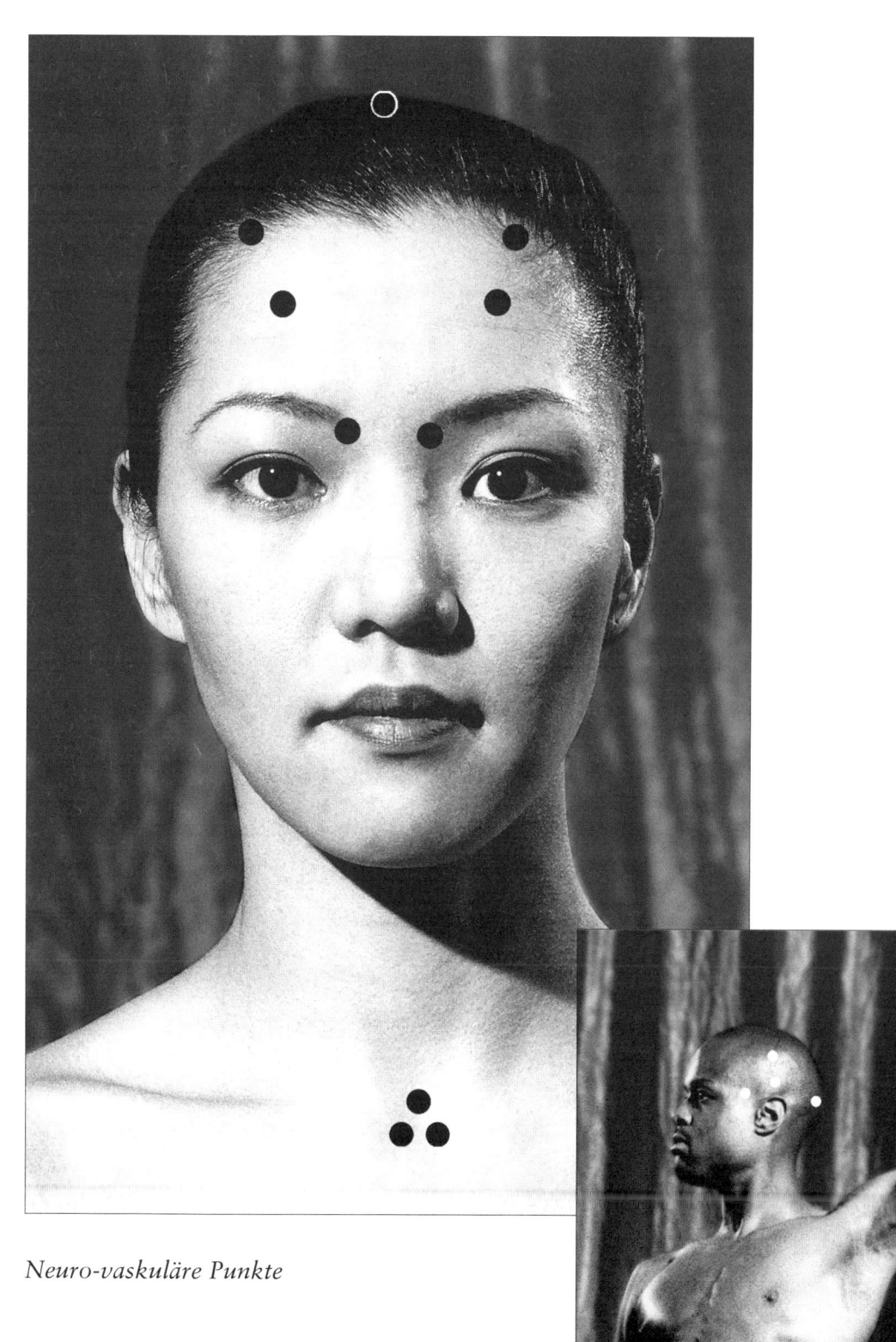

Neuro-vaskuläre Punkte

DIE ANFANGSPUNKTE (AP)
UND DIE ENDPUNKTE (EP)
ALLER MERIDIANE AUF EINEN BLICK

Magen-Meridian
AP: auf den Wangenknochen unterhalb der Augenmitte
EP: äußere (vom Körper weg) Nagelfalzwinkel* der zweiten Zehen

Milz-Pankreas-Meridian
AP: innere Nagelfalzwinkel der großen Zehen
EP: links und rechts seitlich am Brustkorb, eine Handbreit unter der
    Achsel (die Stelle ist meist schmerzhaft)

Herz-Meridian
AP: in den Achselhöhlen (Richtung vordere Achselfalten)
EP: innere (Richtung Ringfinger) Nagelfalzwinkel der kleinen Finger

Dünndarm-Meridian
AP: äußere Nagelfalzwinkel der kleinen Finger
EP: am Jochbein vor den Ohren

Blasen-Meridian
AP: im Winkel zwischen Nasenwurzel und Augenhöhle
EP: äußere Nagelfalzwinkel der kleinen Zehen

Nieren-Meridian
AP: in der Mitte unter den Fußballen
EP: unterhalb des Schlüsselbeins, in zwei Kuhlen rechts und links vom
    Brustbein

---

* Der äußere Nagelfalzwinkel ist der, welcher vom Körper weg zeigt. Beispiel: äuße-
rer Nagelfalzwinkel des 4. Zehs = Nagelfalzwinkel Richtung kleiner Zeh. Die Zehen werden mit dem großen Zeh beginnend gezählt. Mit dem inneren Nagelfalzwinkel ist derjenige gemeint, der Richtung Körper zeigt, wenn Sie stehen und
Ihre Hände nach unten hängen lassen (die Handinnenflächen weisen nach hinten).
Beispiel: innerer Nagelfalzwinkel des Mittelfingers – Nagelfalzwinkel Richtung
Daumen.

Perikard-Meridian⌐
AP: seitlich neben den Brustwarzen (von der Körpermitte weg)
EP: innere Nagelfalzwinkel der Mittelfinger

Dreifacher Erwärmer
AP: äußere Nagelfalzwinkel der Ringfinger
EP: am äußeren Ende der Augenbrauen

Gallenblasen-Meridian
AP: direkt an den äußeren Winkeln der Augen
EP: äußere Nagelfalzwinkel der vierten Zehen

Leber-Meridian
AP: äußere Nagelfalzwinkel der großen Zehen
EP: zwischen 6. und 7. Rippe senkrecht unter den Brustwarzen

Lungen-Meridian
AP: unterhalb des Schlüsselbeins direkt vor den Schultergelenken
EP: innere Nagelfalzwinkel der Daumen

Dickdarm-Meridian
AP: innere Nagelfalzwinkel der Zeigefinger
EP: am unteren Rand der Nasenflügel in einer Vertiefung

Zentralgefäß
AP: in der Mitte des Schambeins
EP: unter der Mitte der Unterlippe in einer Vertiefung

Gouverneursgefäß
AP: unterhalb des Steißbeines
EP: über der Mitte der Oberlippe

ANFANGS- UND ENDPUNKTE DER MERIDIANE BERÜHREN

Berühren Sie den Anfangs- und Endpunkt eines Meridians (immer auf derselben Körperseite) mit zwei Fingern oder mit dem Daumen. Wenn Sie möchten, können Sie sich dabei auch noch vorstellen, wie die Energie in die entsprechende Richtung fließt. Halten Sie die beiden Punkte etwa zwanzig Sekunden lang. Es kann sein, daß Sie nach kurzer Zeit ein leichtes Pulsieren in Ihren Fingerspitzen spüren. Manche Menschen fangen an zu gähnen, wenn sich ihre Energie in Bewegung setzt.

Gehen Sie der Reihe nach alle Meridiane durch, indem Sie die Anfangs- und Endpunkte zuerst auf einer Seite und dann auf der anderen Seite berühren. Beginnen Sie immer entweder auf der linken oder auf der rechten Körperseite. Vielleicht möchten Sie dies unter dem Gesichtspunkt entscheiden, daß Ihre linke Körperseite die weiblich-mütterliche und Ihre rechte Seite die männlich-väterliche ist. Sie können es aber auch anhand möglicher Symptome, die sich eher auf einer Seite zeigen, oder ganz aus Ihrem Gefühl heraus bestimmen. Während Sie die Punkte berühren, fühlen Sie, wie sich Ihr Befinden nach und nach positiv verändert.

MERIDIANE BÜRSTEN

Zuerst berühren Sie den Anfangspunkt eines Meridians mit zwei Fingern, dann streichen Sie den Meridian in seiner Verlaufsrichtung ab, indem Sie mit der Hand leicht über Ihren Körper fahren, und zum Schluß berühren Sie den Endpunkt des Meridians. Das wiederholen Sie auf jeder Seite zwei- bis dreimal.

Manchmal ist die Wirkung intensiver, wenn die Meridiane zuerst ein- bis zweimal gegen ihre Verlaufsrichtung abgestrichen werden und anschließend zwei- bis dreimal in ihrer Verlaufsrichtung.

Wichtig: Den Herz-Meridian bitte immer nur in dessen Verlaufsrichtung abstreichen.

Welche Aktivierungsmethode Sie auch wählen, achten Sie immer darauf, daß Sie tief und gleichmäßig atmen. Wenn es darum geht, einen Mangel oder ein Zuviel an Energie wirksam auszubalancieren, sollten alle Meridiane mit einer der gerade beschriebenen Methoden gestärkt werden. Manchmal haben wir aber nicht genug Zeit zur Verfügung. Dann helfen folgende Schnellbalancen.

Wählen Sie je nach Symptom oder Symptomen Ihre bevorzugte Stärkungsmethode aus oder alle, die zu dem entsprechenden Meridian gehören. Schauen Sie sich die Illustration der neuro-lymphatischen Punkte (Seite 148, 149) an und rubbeln Sie einfach sämtliche Punkte auf der Körpervorderseite von oben nach unten durch. Wenn Sie mit der Vorderseite fertig sind, rubbeln Sie, am Po beginnend, den Rücken hinauf. Konzentrieren Sie sich (wenn Sie keine Tennisbälle mit Socke zur Hand haben) auf die Punkte, die Sie ohne allzu großen Aufwand erreichen können.

Führen Sie die Farbbalance (Seite 186) oder die Emotionsbalance (Seite 189) durch.

Machen Sie die Übungen für jeden Tag (Seite 160).

Stimulieren Sie den Meridian, der gerade seine Maximalzeit hat, und/oder den, der gerade am „faulsten" ist (siehe Meridian-Uhr, Seite 144).

Entspannen Sie mit der Emotionalen Streßreduzierung (Seite 166) und mit Übung 5, Thymusdrüse klopfen (Seite 164).

ÜBUNGEN FÜR JEDEN TAG
ÜBUNG 1

Diese Übung hilft Ihnen:
Ihre Gedanken besser zu ordnen,
Gelesenes schneller zu verstehen,
Computerarbeit leichter zu erledigen,
entspannter zu sein,
mehr Energie zu haben.

Tasten Sie Ihr Schlüsselbein ab. Lassen Sie Ihre Finger links und rechts entlang des Brustbeins langsam direkt unter das Schlüsselbein gleiten. Dort finden Sie zwei leichte Vertiefungen. In eine Vertiefung legen Sie Zeige- und Mittelfinger, in die andere den Daumen Ihrer linken Hand. Ihre rechte Hand legen Sie auf den Nabel. Massieren Sie nun die beiden Vertiefungen und atmen Sie dabei tief ein und aus. Nach 20 bis 30 Sekunden wechseln Sie die Hände und wiederholen die Übung mit der rechten Hand unter dem Schlüsselbein und der linken auf dem Nabel.

ÜBUNG 2

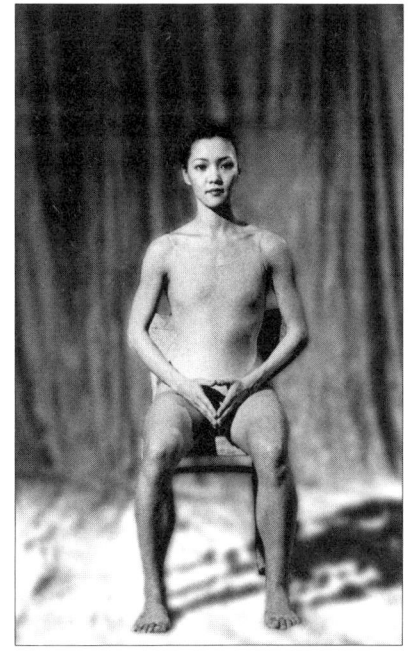

Diese Übung hilft Ihnen:
gelassen mit wichtigen Terminen umzugehen,
leichter einzuschlafen,
Prüfungen erfolgreich zu bestehen,
entspannter auf Alltagsprobleme zu reagieren,
sich selbst mehr zu mögen.

Setzen Sie sich bequem auf einen Stuhl und legen Sie den linken Fuß über das rechte Knie. Mit der rechten Hand umfassen Sie den Fußknöchel, mit der linken Hand den Fußballen. Fühlen Sie sich in dieser Sitzposition wohl? Gut. Wenn nicht, machen Sie es genau umgekehrt. Schließen Sie die Augen. Berühren Sie beim Einatmen mit der Zungenspitze den Gaumen (dort, wo Sie den Buchstaben L formen). Während Sie durch den Mund ausatmen, bewegen Sie die Zungenspitze nach unten. Atmen Sie tief ein und aus und bleiben Sie eine bis zwei Minuten lang in dieser Position sitzen. Nun kommt der zweite

Teil der Übung: Stellen Sie die Füße nebeneinander auf den Boden. Ihre Fingerspitzen berühren sich und Ihr Rücken ist gerade. Atmen Sie tief ein und aus, wobei Sie die Zunge jetzt entspannt im Mund liegen lassen. Bleiben Sie nochmal eine oder zwei Minuten lang so sitzen – oder solange Sie möchten.

ÜBUNG 3

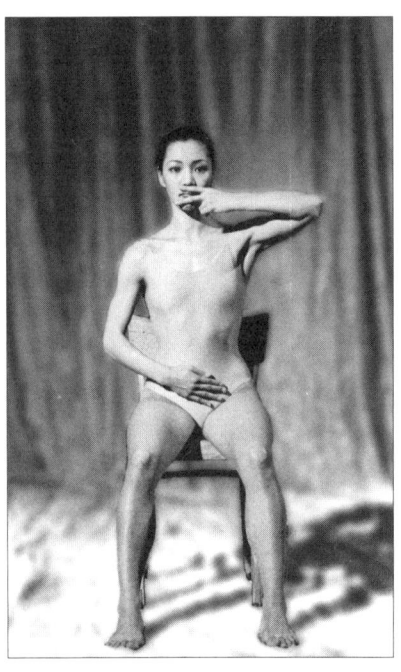 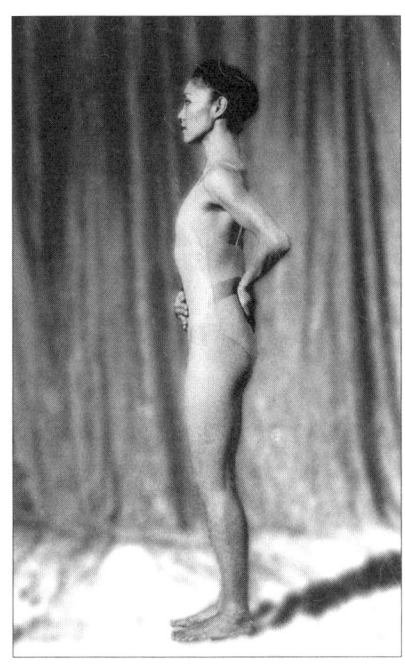

Diese Übung hilft Ihnen:
geistig wieder munter zu werden,
Vertrauen in die eigene Intuition zu haben,
Dinge motiviert und interessiert anzugehen,
bei der Sache zu bleiben,
sich ausgeglichen zu fühlen.

Legen Sie Zeige- und Mittelfinger Ihrer linken Hand über und den Daumen unter Ihre Lippen und massieren Sie beide Stellen. Die rechte

Hand legen Sie dabei auf Ihren Nabel. Nach 20 bis 30 Sekunden wechseln Sie die Hände und stimulieren die Punkte nochmals. Dann kommt der zweite Teil der Übung: Mit einer Hand massieren Sie den Nabel, mit der anderen das Steißbein. Nach 20 bis 30 Sekunden wechseln Sie die Hände und massieren erneut. Wenn Sie die Übung noch weiter intensivieren möchten, können Sie Ihre Augen dabei zuerst langsam von oben nach unten und umgekehrt wandern lassen und anschließend von links nach rechts und von rechts nach links.

ÜBUNG 4

Diese Übung hilft Ihnen:
Gehörtes besser zu verstehen,
in wichtigen Situationen „wach" zu bleiben,
Argumente überzeugend vorzubringen,
Ihre Denkfähigkeit und Ihr Gedächtnis zu verbessern,
Ihre Stimmresonanz zu verstärken.

Nehmen Sie die Spitzen Ihrer Ohren zwischen Zeigefinger, Mittelfinger und Daumen und massieren Sie die Ohren sanft von oben nach unten durch. Entrollen Sie die Ohrläppchen und ziehen Sie sie ganz leicht nach außen. Halten Sie den Kopf dabei locker und entspannt. Massieren Sie die Ohren auf diese Weise zwei- bis dreimal durch. Wenn Sie möchten, können Sie das Ganze noch verstärken, indem Sie Ihren Kopf während des Massierens zuerst nach links drehen, dann nach rechts und zum Schluß gerade halten.

ÜBUNG 5
THYMUSDRÜSE KLOPFEN

Die Thymusdrüse steht in enger Verbindung mit unserem Immunsystem. Sie kontrolliert den Energiehaushalt im Körper und reagiert besonders stark auf emotionalen Streß. Immer wenn wir unsere Energie oder unsere Abwehrkräfte stärken wollen oder wenn wir emotional aus dem Gleichgewicht geraten sind, ist es sehr hilfreich, die Thymusdrüse zu aktivieren.

Die Thymusdrüse liegt unter dem Brustbein. Klopfen Sie mit den Fingerspitzen mehrmals leicht auf die Stelle über der Mitte des Brustbeins, wo Sie eine leichte Erhebung ertasten können. Manche Kinesiologen empfehlen, im Uhrzeigersinn zu klopfen (so mache ich es), manche sagen, es soll gegen den Uhrzeigersinn geklopft werden oder man soll siebenmal mit den sich berührenden Fingerspitzen einer Hand auf das Brustbein klopfen. Suchen Sie sich die Methode aus, die Ihnen am besten gefällt.

Es ist empfehlenswert, die Thymusdrüse mehrmals täglich zu aktivieren, um den Energiefluß in Gang zu halten und den schädigenden Auswirkungen negativer Faktoren vorzubeugen. Das gilt besonders dann, wenn Sie beispielsweise mit erkälteten Menschen zusammen sind oder wenn viel Streß oder Ärger auf Sie zukommt.

ÜBUNG 6
WASSER TRINKEN

Wie Sie sicherlich wissen, besteht der menschliche Körper zu etwa 70 Prozent aus Wasser. Wasser regelt sämtliche Körperfunktionen. Zum Beispiel regt es den Stoffwechsel an oder unterstützt das Lymphsystem, wenn es darum geht, Giftstoffe aus dem Körper auszuscheiden. Weiterhin leitet Wasser die elektrische Energie innerhalb des Gehirns weiter und sorgt dafür, daß Nachrichten zwischen Gehirn und Körper hin- und hergeschickt werden können. Wer genug Wasser trinkt, kann schneller „schalten" (und leidet weniger unter Konzentrationsproblemen). In Streßzeiten sollte die tägliche Wasseraufnahme von eineinhalb bis zwei Litern sogar noch erhöht werden, da Stressoren den Körper erschöpfen und dehydrierte Zellen hinterlassen. Kennen Sie das Gefühl, daß Ihnen die Zunge am Gaumen klebt, wenn Sie sich in einer sehr unangenehmen Situation befinden?

Bitte verwechseln Sie Wasser nicht mit Flüssigkeit. Alle Getränke, die kein reines Wasser sind, werden vom Körper als Nahrungsmittel eingeordnet und benötigen weiteres Wasser, um verarbeitet werden zu können. Wenn Sie beispielsweise drei Tassen Kaffee am Tag trinken, braucht Ihr Körper die gleiche Menge Wasser, um den Kaffee zu verdauen, und zwar zusätzlich zu der grundsätzlich benötigten Menge von eineinhalb bis zwei Litern. Ähnliches gilt für schwarzen Tee, Limonade oder Alkohol.

EMOTIONALE
STRESSREDUZIERUNG

Das Thema Streß ist uns allen vertraut. Und die Folgen von zuviel Streß haben wir alle schon einmal zu spüren bekommen: Verspannungen im Nacken und im Rücken, Magenbeschwerden und Verdauungsprobleme, Müdigkeit, Erschöpfung, Angstzustände, Aggressionen und viele mehr.

Es gibt den lebensnotwendigen Eustreß, der beispielsweise entsteht, wenn wir gute Leistungen vollbracht haben. Die freudige Erregung, wenn ein besonderes Ereignis bevorsteht oder wenn wir ein Ziel erreicht haben, wird meist als sehr angenehm empfunden. Der negative Dystreß aber, der von zu großen Anforderungen, Hektik oder Ärger verursacht wird, macht uns krank. Nicht nur blockiert er den Energiefluß in unserem Körper, er schwächt auch unsere Abwehrkräfte, führt zu Konzentrationsproblemen und nimmt uns unsere Lebenslust. Zu den größten Streßfaktoren gehören unangenehme Gefühle wie Neid, Eifersucht, Wut (sowohl unsere eigene als auch die von anderen) sowie negative Erwartungen und Denkmuster oder Vorurteile und Wertungen. Aber auch folgende Stressoren werden in ihrer negativen Wirkung leicht unterschätzt: Geräusche, Farben, Gerüche, Mimik oder Gestik anderer Personen, unser eigenes Aussehen, Elektrosmog, Ernährung und so weiter. Je größer der Streß ist und je länger er anhält, desto längere Entspannungsphasen benötigen wir, um gesund zu bleiben.

Unser Körper reagiert unter Streßeinfluß mit dem sogenannten Kampf- oder Fluchtverhalten, das noch aus Urzeiten stammt, als es wichtig war, sofort zu handeln, weil es wirklich um Leben oder Tod ging. Durch das Kampf- oder Fluchtverhalten wird ein Überschuß an Energie produziert. Dieser Überschuß kann meist nicht sofort abgebaut werden, da es in streßbeladenen Situationen selten möglich ist, einfach zuzuschlagen oder wegzurennen. Also wird die überschüssige Energie im Körper gespeichert, wo sie verspannte Muskeln und andere Krankheitssymptome hervorbringt.

Streß schlägt sich aber auch als geistige Blockade nieder, weil ein Bereich des Vorderhirns unter Streßeinfluß abschaltet und wir dann nicht mehr in der Lage sind, in Ruhe über ein Problem nachzudenken, geschweige denn geeignete Lösungsmöglichkeiten zu erkennen. Die Energie zieht sich ins Stammhirn im hinteren Teil des Kopfes zurück. Dort sind außer dem Kampf- oder Fluchtverhalten auch alte Verhaltensweisen gespeichert, was dazu führt, daß wir in bestimmten Situationen immer nach dem gleichen alten Muster agieren und es nicht schaffen, unsere Gefühle und unser Verhalten der Situation anzupassen. Es nützt nicht viel, wenn wir uns vornehmen, uns nie mehr so oder so zu verhalten. Wir haben einfach keine andere Wahl als zu reagieren wie immer.

Es gibt eine einfache Methode, um zu verhindern, daß wir in solchen Situationen nach dem alten Muster handeln. Wann immer wir uns entweder in einer streßbeladenen Situation befinden oder uns mit negativen Ereignissen aus der Vergangenheit, Gegenwart oder Zukunft beschäftigen, legen wir eine Hand auf die Stirn und die andere an den Hinterkopf. Wenn wir nur eine Hand frei haben, reicht es auch aus, nur die Stirn zu berühren.

Was geschieht, wenn wir das tun? Durch das Berühren der Stirnbeinhöcker wird die Durchblutung des gesamten Gehirns angeregt und der vordere Teil des Gehirns aktiviert. Dadurch lösen wir die Blockade zwischen dem vorderen und dem hinteren Teil des Gehirns auf und können mit unserer Aufmerksamkeit im vorderen Teil des Gehirns sein, wo uns neue Lösungsmöglichkeiten bewußt werden können und uns eventuell „ein Licht aufgeht". Wir haben jetzt die Wahl, uns so zu verhalten, wie wir uns gern verhalten möchten, erleben unsere Gefühle nicht länger als überwältigend und können gelassen mit ihnen umgehen.

WANN KÖNNEN SIE DIESE STRESSBEWÄLTIGUNGMETHODE ANWENDEN?

Morgens, direkt nach dem Aufwachen, während Sie darüber nachdenken, was im Laufe des Tages alles auf Sie zukommen könnte. Halten Sie sich die Stirn und den Hinterkopf und lassen Sie die Gedanken und Gefühle einfach kommen.

Im Laufe des Tages immer dann, wenn Sie sich emotional überlastet fühlen, zuviel um die Ohren haben oder sich nicht mehr konzentrieren können. Suchen Sie sich ein stilles Plätzchen und berühren Sie Ihre Stirn solange, bis Sie wieder klar denken können.

Nach der Arbeit, um den dabei entstandenen Streß nicht mit nach Hause schleppen zu müssen. Wenn Sie die Streßbewältigungsmethode noch am Arbeitsplatz einsetzen, sind Sie von dem Zeitpunkt, zu dem Sie Ihr Büro verlassen, (bis zum nächsten Morgen) nur noch Privatmensch.

Vor dem Einschlafen, um sich alles, was tagsüber geschehen ist, nochmals durch den Kopf gehen zu lassen und entspannt einschlafen zu können.

Wenn Sie mit einer Situation konfrontiert werden, die Sie als unangenehm oder beängstigend empfinden, zum Beispiel einen Gerichtstermin, einen Besuch beim Zahnarzt, ein Vorstellungsgespräch, eine Auseinandersetzung mit dem Partner/der Freundin/der Schwiegermutter, und schon Tage vor diesem Ereignis aufgeregt oder besorgt sind.

Sorgen Sie dafür, daß Sie in einer angenehmen Umgebung ein paar Minuten lang ungestört sind. Setzen oder legen Sie sich bequem hin und atmen Sie tief ein und aus. Berühren Sie Ihre Stirn und den Hinterkopf. Nun stellen Sie sich das bevorstehende Ereignis vor, und zwar so, wie es schlimmstenfalls ablaufen könnte. Beziehen Sie alle Sinne mit ein: Sehen Sie sich und andere Personen, hören Sie, was andere Ihnen mitteilen und was Ihre innere Stimme zu sagen hat, fühlen Sie sich ganz in die Situation hinein. Welche Gefühle kommen hoch? Reagiert Ihr Körper mit Herzklopfen, Magenschmerzen, einem Kloß im Hals oder ähnlichem? Wenn es zur Situation paßt, stellen Sie sich vor, was

Sie riechen oder schmecken. Stellen Sie sich alles so intensiv wie möglich vor und geben Sie sich Ihren inneren Bildern hin, ohne daß Ihr kontrollierender Verstand dazwischen funkt.

Wenn Sie das Gefühl haben, daß es genug ist, stellen Sie sich vor, daß Sie sich unter die Dusche oder unter einen Wasserfall stellen, wo alles Unangenehme weggewaschen wird. Natürlich können Sie auch ein anderes Ritual zum Streßabbau wählen: Sie visualisieren beispielsweise eine Schnur, die vom Kopf bis zu den Füßen durch Ihren Körper läuft und weiter bis tief in die Erde. Entlang dieser Schnur läuft alles Negative aus Ihrem Körper hinaus. Oder Sie füllen Ihre unangenehmen Gedanken und Gefühle in einen Luftballon, der ganz weit weg fliegt. Vielleicht fällt Ihnen auch noch etwas ganz anderes ein. Wichtig ist nur, daß Sie sich vorstellen, wie der Streß Ihren Körper verläßt.

Nun sind Sie bereit, sich die Situation so vorzustellen, wie Sie sie gern hätten, während Sie sich immer noch Stirn und Hinterkopf halten. Auch jetzt beziehen Sie bitte wieder alle Sinne mit ein und stellen Sie sich die betreffende Situation so positiv wie möglich vor. Denken Sie daran, daß in Ihrer Vorstellung alles erlaubt ist.

Beispiel: Sie spielen ein Musikinstrument und sollen zusammen mit Ihrer Gruppe eine Vorstellung geben. Es ist Ihr erster öffentlicher Auftritt, und Sie befürchten, daß Sie versagen könnten. Während Sie Ihren Kopf halten, stellen Sie sich den Auftritt vor – zuerst so negativ wie möglich: Vor lauter Aufregung sind Sie zu spät gekommen und werden von Ihren Mitmusikern mit Vorwürfen überhäuft. Am liebsten würden Sie sofort wieder umkehren und nach Hause gehen, doch das tun Sie natürlich nicht. Stattdessen gehen Sie schuldbewußt und mit schlotternden Knien hinter den anderen die Treppe zur Bühne hinauf und nehmen Ihren Platz ein. Während Sie ins Publikum schauen, spüren Sie, abgesehen von dem flauen Gefühl im Magen, wie Ihr Herz zum Zerspringen klopft. Sie beginnen zu spielen. Nach dem zweiten Patzer wissen Sie ganz genau, daß weitere folgen werden. „Ich bin ein Versager", schießt es Ihnen durch den Kopf. Langsam bilden sich Schweißflecken unter Ihren Armen, „wie peinlich". Der nächste Mißklang ertönt, und Sie hören, wie Ihre Nachbarin eine wütende Bemerkung zischt. Am liebsten würden Sie vor Scham im Boden versinken…

Nachdem Sie sich diesen Alptraum bis zum Ende vorgestellt haben, entlassen Sie den Streß aus Ihrem Körper (siehe oben).

Jetzt stellen Sie sich die Situation so positiv wie möglich vor: Sie sind rechtzeitig am Veranstaltungsort. Die anderen Musiker freuen sich mit Ihnen auf den ersten gemeinsamen Auftritt. Man wünscht Ihnen „toi, toi, toi", und dann gehen Sie leichten Schrittes und voll freudiger Erregung mit den anderen auf die Bühne. „Heute kann ich endlich zeigen, was ich kann", schießt es Ihnen durch den Kopf, als Sie Platz nehmen. Der nun einsetzende Applaus verstärkt Ihr Gefühl, etwas ganz Besonderes zu sein und zu leisten. Sie beginnen zu spielen und sind überrascht, daß es noch besser läuft, als Sie sich gewünscht haben...

Nochmals: In Ihrer Phantasie können Sie sich vorstellen, was Sie möchten. Auch wenn Ihr rationaler Verstand sagt „Das kann doch gar nicht sein", bleiben Sie dabei, sich die Situationen so auszumalen, wie Sie sie gern hätten.

DER KINESIOLOGISCHE MUSKELTEST

Wie bereits beschrieben, wirkt sich Streß negativ auf den Zustand unserer Muskeln aus. In dem Moment, in dem wir mit größeren Streßfaktoren konfrontiert werden, beispielsweise mit schlechten Nachrichten, werden verschiedene Muskeln nicht mehr ausreichend mit Energie versorgt. Wir bekommen weiche Knie oder zittrige Beine und müssen uns erst einmal setzen. Aber auch ganz alltäglicher Streß beeinträchtigt die Funktion unserer Muskeln. Oft sind wir nach einem ereignisreichen Arbeitstag so müde, daß wir uns zu keiner Aktivität mehr aufraffen können und uns nur noch hinlegen möchten.

Der Muskeltest gibt Auskunft über unseren energetischen Zustand. Außerdem macht er sowohl im Bewußtsein als auch im Unterbewußtsein gespeicherte Erlebnisse, Lernerfahrungen, Glaubenssysteme

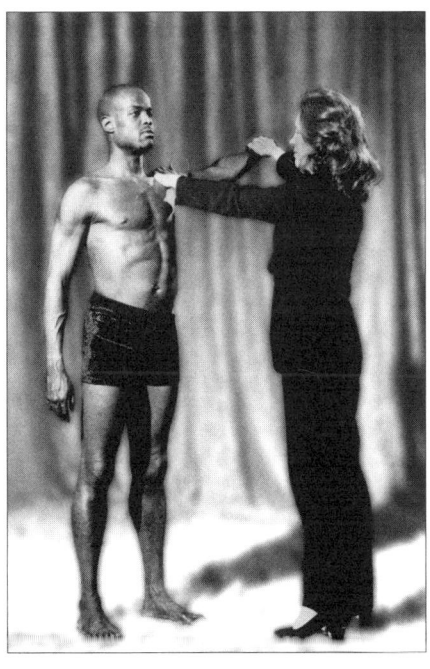

oder Emotionen transparent. Wir erfahren, welche Faktoren für Unwohlsein oder Krankheiten im weitesten Sinne verantwortlich sind: falsche Ernährungsgewohnheiten, zu viele oder keine sportlichen Aktivitäten, schädliche Umwelteinflüsse, Ärger oder Probleme im beruflichen oder privaten Umfeld, negative Erwartungen oder einengende Denkmuster. Sind die Stressoren identifiziert, wird getestet, auf welchem Weg Veränderungen herbeigeführt werden können.

Es gibt viele Muskeln, die sich gut zum Testen eignen. Als Beispiel soll hier der Deltamuskel am Oberarm dienen. Die Testperson stellt sich entspannt hin und läßt einen Arm locker hängen, während der andere Arm seitlich waagerecht vom Körper weggestreckt wird. Der Tester stellt sich vor die Testperson, fordert sie auf zu „halten" und drückt dann leicht mit seiner Hand auf den Unterarm der Testperson, um den Arm in Richtung Boden zu bewegen. Ist der Muskel „angeschaltet", wird der Arm entweder gar nicht oder nur minimal nachgeben. Läßt sich der Arm leicht nach unten bewegen, so weist das auf einen „abgeschalteten" Muskel hin.

Beispiel: Während des Tests denkt die Testperson an ein Mitglied ihrer Familie. Bleibt der Arm beim Testen oben, so bedeutet das, daß die Testperson „streßfrei" auf dieses Familienmitglied reagiert. Wahrscheinlich hat sie eine neutrale oder positive Beziehung zu diesem Familienmitglied. Bewegt sich der Arm nach unten, hat die Testperson höchstwahrscheinlich ein eher negatives Verhältnis zu diesem Familienmitglied. Das Gleiche gilt für vergangene oder zukünftige Ereignisse. Denkt die Testperson während des Muskeltests an ein positives Erlebnis (z.B. Urlaub, Hobby), wird der Muskel ebenfalls angeschalten bleiben, denkt sie an eine negative Situation (wie Zahnarztbesuch, Gerichtsverhandlung) wird sich der Arm nach unten bewegen lassen. Der Muskel ist aufgrund des Stressors nicht mehr ausreichend mit Energie versorgt.

KINESIOLOGISCHE SELBSTTESTS

Durch kinesiologische Selbsttests können Sie selbst, also unabhängig von einer testenden Person, herausfinden, wie die Muskeln Ihres Körpers auf mögliche Stressoren reagieren. Wenn Sie beispielsweise positive Denkmuster mit dem ganzen Körper austesten, erkennen Sie über die Reaktion Ihrer Muskeln, welche Denkmuster Ihnen Streß bereiten und welche nicht. Dabei ist es ganz wichtig, daß Sie keine Erwartungen an das Ergebnis haben, denn damit würden Sie den Test Ihren Wünschen entsprechend beeinflussen und das Ergebnis entspräche nicht Ihren wahren Bedürfnissen.

Bevor Sie mit dem Test beginnen, sollten Sie die „Übungen für jeden Tag" machen und ein großes Glas Wasser trinken. Damit ist Ihr Energiehaushalt ausgeglichen und Sie können sich auf die Aussage des Tests verlassen. Außerdem sollten Sie Störfaktoren ausschalten und sich einen Platz suchen, an dem Sie sich wohlfühlen und entspannen können.

SELBSTTEST MIT DEM GANZEN KÖRPER

Stellen Sie sich gerade hin, die Füße hüftbreit nebeneinander. Entspannen Sie sich, vor allem in den Knien. Schließen Sie die Augen und spüren Sie, wie Ihre Füße festen Kontakt mit dem Boden haben. Nun stellen Sie sich eine Person oder eine Situation vor, die angenehme Gefühle in Ihnen weckt. Während Sie intensiv an diese Person oder Situation denken, achten Sie auf Ihre körperliche Reaktion. Wohin bewegt sich Ihr Körper? Nach vorn, nach hinten oder zur Seite? Merken oder notieren Sie sich die Richtung.

Nehmen Sie wieder die Ausgangsposition ein, schließen Sie die Augen und denken Sie diesmal an eine Person oder Situation, die unangenehme Gefühle in Ihnen auslöst. Achten Sie auch jetzt, während Sie sich auf die Person oder die Situation konzentrieren, auf Ihre körperliche Reaktion. Wohin bewegt sich Ihr Körper? Merken oder notieren Sie sich auch diese Richtung.

Wenn der Test nicht auf Anhieb klappt, atmen Sie tief ein und aus und trinken nochmals einen großen Schluck Wasser. Entspannen Sie sich und machen Sie den Test noch einmal, wobei Sie dieses Mal an eine andere positiv oder negativ besetzte Person oder Situation denken.

Der Selbsttest hat funktioniert? Dann können Sie sich jetzt daran machen, Ihre Reaktionen auf die positiven Denkmuster auszutesten.

Stellen Sie sich wieder ganz entspannt hin und achten Sie darauf, daß Ihre Knie locker sind. Schließen Sie die Augen. Sprechen Sie mehrmals laut oder leise eines der positiven Denkmuster aus, bis Ihr Körper reagiert. In welche Richtung bewegte er sich? In dieselbe wie bei der positiven Vorstellung? Dann können Sie davon ausgehen, daß dieses Denkmuster Ihnen keinen Streß bereitet. Hat sich Ihr Körper in dieselbe Richtung bewegt wie bei der negativen Vorstellung? In diesem Fall bereitet Ihnen das Denkmuster Streß, und das bedeutet, daß Sie daran arbeiten müssen (siehe Seite 177).

Bitte bedenken Sie, daß der Selbsttest Ihren momentanen emotionalen Zustand spiegelt. Wenn Sie an Ihren psychischen Problemen arbeiten oder aber mit neuen streßbesetzten Situationen konfrontiert werden, wird sich auch das Ergebnis des Tests verändern.

Die Selbsttests können Sie auch im Alltag einsetzen, etwa wenn Sie die Verträglichkeit von Kosmetika, Pflegeprodukten oder Waschmitteln erkennen wollen. Außerdem können Sie damit herausfinden, welche Bachblüten oder Edelsteine Sie benötigen, um die Energie in Ihrem Meridiansystem auszugleichen. Legen Sie das zu testende Produkt entweder unterhalb des Bauchnabels auf Ihren Körper oder auf die Mitte des Brustbeins (Thymus-Klopfpunkt), während Sie einen der beiden Selbsttests durchführen. Wenn Sie sich für den Selbsttest mit dem ganzen Körper entscheiden, können Sie das Testprodukt auch mit einer Hand direkt vor Ihr Ohr halten.

SELBSTTEST MIT DEN ARMEN

Legen Sie sich entspannt auf den Boden oder setzen Sie sich bequem auf einen Stuhl. Lassen Sie alle störenden Gedanken los, während Sie tief ein- und ausatmen. Breiten Sie die Arme auf Schulterhöhe seitlich aus, die Daumen lassen Sie locker hängen.

Sagen Sie mehrmals „ja" und führen Sie die Arme langsam zusammen, bis sich die Zeigefinger berühren. Überprüfen Sie die Länge Ihrer Zeigefinger. Wahrscheinlich sind sie gleich lang.

Breiten Sie die Arme wieder aus und sagen Sie mehrmals „nein". Führen Sie die Arme langsam zusammen. Jetzt sind Ihre Zeigefinger vermutlich unterschiedlich lang.

Nun haben Sie einen Indikator für die Antworten Ihres Körpers: Gleich lange Zeigefinger bedeuten „kein Streß", unterschiedlich lange Zeigefinger bedeuten „Streß".

Wenn der Test nicht auf Anhieb klappt, atmen Sie tief ein und aus und trinken nochmals einen großen Schluck Wasser. Vertrauen Sie darauf, daß Sie den Test erfolgreich durchführen können.

Plazieren Sie das zu testende Produkt (Kosmetika, Pflegeprodukt, Waschmittel etc.) auf eine der oben genannten Teststellen am Körper. Wenn Sie den Test im Sitzen durchführen, stecken Sie das Produkt in Ihren Hosenbund oder in Ihren Ausschnitt.

Führen Sie die Arme langsam zusammen. Sind Ihre Zeigefinger gleich lang? Dann können Sie davon ausgehen, daß das Produkt positiv auf Ihr Meridiansystem wirkt. Ihre Zeigefinger sind unterschiedlich lang? Dann sollten Sie das Produkt längere Zeit meiden und den Test zu einem späteren Zeitpunkt wiederholen. Wenn Sie Ihrem Körper eine Erholungspause von dem Stressor gönnen, kann es gut möglich sein, daß er das Testprodukt zu einem späteren Zeitpunkt akzeptiert, was bedeuten würde, daß der Energiefluß dadurch nicht mehr blockiert wird.

ARBEIT MIT POSITIVEN DENKMUSTERN

Sowohl die chinesische Gesundheitslehre als auch die Kinesiologie betrachtet den Menschen als Einheit von Körper, Seele und Geist. Wenn wir gesund bleiben (oder werden) wollen, müssen wir unsere Glaubenssätze von Zeit zu Zeit überprüfen und gegebenenfalls korrigieren. Was wir denken, glauben, erwarten und fühlen, beeinflußt uns erheblich, und zwar sowohl positiv als auch negativ. Wir dürfen die Macht unserer Gedanken und die Kraft der Worte, die wir sprechen, nicht unterschätzen!

Zunächst geht es darum herauszufinden, welche Aussagen für Sie mit Streß verbunden sind. Sie haben drei Möglichkeiten, dies zu tun:

1. Wie geht es Ihnen, wenn Sie die positiven Denkmuster lesen? Gibt es Aussagen, die Sie am liebsten ignorieren würden? Welche Sätze lösen Ärger, Ablehnung oder Resignation in Ihnen aus? Je emotionaler Sie auf einen Satz reagieren, desto intensiver sollten Sie mit genau diesem Satz arbeiten.

2. Sie orientieren sich an Ihren Symptomen und wählen die Denkmuster aus, die dem entsprechenden Meridian zugeordnet sind.

3. Sie finden mit Hilfe der kinesiologischen Selbsttests heraus, auf welche Aussagen Sie mit Streß reagieren.

Sie haben mehrere Denkmuster gefunden? Entscheiden Sie sich für das, welches Sie zuerst verinnerlichen wollen. Sie können auch mit Hilfe des kinesiologischen Selbsttests herausfinden, welches Muster Ihr Unterbewußtsein bereit ist, jetzt zu akzeptieren. Dazu führen Sie einen der beiden Tests durch, während Sie fragen: „Soll ich zuerst mit Aussage... arbeiten?" Testen Sie die positiven Denkmuster durch, bis Ihr Körper beziehungsweise Ihr Unterbewußtsein auf eines davon mit „Ja" antwortet. Arbeiten Sie nun mit diesem Satz. Dafür stehen Ihnen wiederum verschiedene Möglichkeiten zur Verfügung:

Emotionale Streßreduzierung

1. Setzen oder legen Sie sich bequem hin. Während Sie tief ein- und ausatmen, fühlen Sie, wie Sie sich entspannen. Legen Sie Ihre linke Hand auf die Stirn und die rechte auf den Hinterkopf. Schließen Sie die Augen. Denken Sie nun an das positive Denkmuster, das Sie sich ausgesucht haben. Was fällt Ihnen dazu ein? Eine oder mehrere Situationen aus der Vergangenheit? Personen, mit denen Sie eine Auseinandersetzung hatten? Arbeiten Sie mit all Ihren Sinnen: Sehen Sie sich und alle beteiligten Personen in dieser Situation. Hören Sie alle Geräusche, die Sie damals gehört haben. Was haben andere mit Ihnen gesprochen? Was hat Ihnen Ihre innere Stimme gesagt? Fühlen Sie in sich hinein. Welche Gefühle kommen hoch? Wie ist Ihr Körpergefühl (Kloß im Hals, Magenschmerzen, zitternde Hände)? Nehmen Sie auch Geruch und Geschmack wahr, wenn es zur Situation paßt. Lassen Sie sich genügend Zeit, um alles noch einmal so detailliert und intensiv wie möglich zu durchleben. Halten Sie sich die ganze Zeit über Stirn und Hinterkopf mit beiden Händen.

2. Erlauben Sie sich nun, die unangenehmen Bilder, Worte und Gefühle loszulassen, indem Sie sich vorstellen, daß Sie unter einem Wasserfall oder unter der Dusche stehen und alles Negative mit dem Wasser weggeschwemmt wird.

3. Wenn Sie möchten, können Sie sich die Situation noch einmal positiv vorstellen, wie Sie gern gehabt hätten, daß die Dinge sich ereignen und die beteiligten Personen sich verhalten. Beziehen Sie auch dabei wieder alle fünf Sinne mit ein und lassen Sie Ihrer Fantasie freien Lauf. Denken Sie daran: In Ihrer Vorstellung ist alles möglich und erlaubt.

Beispiel: Sie wollen an dem positiven Denkmuster „Ich lasse die Vergangenheit los und schaffe Platz für nützliche Veränderungen" arbeiten, weil Sie gedanklich nicht von einer Person loskommen, die Sie in der Vergangenheit oft verletzt hat. Zwar haben Sie sich längst von dieser Person getrennt, aber in Gedanken sind Sie noch mit ihr verbunden.

Setzen oder legen Sie sich bequem hin. Während Sie tief ein- und ausatmen, fühlen Sie, wie Sie sich entspannen. Legen Sie Ihre linke Hand auf die Stirn und die rechte auf den Hinterkopf. Schließen Sie nun die Augen.

Sehen Sie die betreffende Person vor sich. Wie genau sah sie aus? Wie war ihre Mimik, ihre Gestik, ihre Körperhaltung? Wie hat die Person Sie angesehen? Gibt es irgend etwas am Aussehen dieser Person, das Sie besonders gestört hat? Wie haben Sie selbst ausgesehen, als Sie mit dieser Person zusammen waren? Wie war Ihre eigene Mimik, Gestik, Körperhaltung?

Wie hat sich die Stimme der Person angehört? Mochten Sie die Stimme? Was hat sie zu Ihnen gesagt? Was genau hat Sie daran gestört oder verletzt? Haben Sie darauf geachtet, was Ihre eigene innere Stimme gesagt hat? Was genau hat Ihre innere Stimme gesagt? Konnten Sie sich der Person gegenüber äußern? Was haben Sie zu ihr gesagt? Wie waren Ihre Gefühle dieser Person gegenüber? Können Sie diese Gefühle benennen? Konnten Sie Ihre Gefühle äußern? Mit Worten, Mimik, Gestik, Körperhaltung? Wie hat die betreffende Person ihre Gefühle Ihnen gegenüber gezeigt? Wie hat Ihr Körper auf diese Person reagiert? Konnten Sie an der Person einen Geruch wahrnehmen? Wie war der Geruch? Gibt es einen Geschmack, den Sie mit dieser Person in Verbindung bringen?

Gehen Sie nun mit Ihren Gedanken in die Vergangenheit. Welche belastende/n Situation/en mit dieser Person fällt/fallen Ihnen ein? Lassen Sie sich genug Zeit, um sich jede einzelne Situation noch einmal vorzustellen... Durchleben Sie die vergangenen Ereignisse noch einmal so intensiv wie möglich. Sehen, hören und fühlen (riechen und schmecken) Sie sie... Sie können dieser Person nun all das sagen, was Sie Ihr damals gern gesagt hätten.

Vielleicht wird Ihnen nun bewußt, warum Sie selbst oder die andere Person sich auf diese Weise verhalten haben/hat, oder Sie erkennen, warum Sie diese speziellen Erfahrungen machen sollten. Denken Sie daran, daß alle Menschen in ihren Verhaltensmustern gefangen sind und daß sowohl Sie selbst als auch die andere Person alles so gut wie möglich gemacht haben/hat. Erlauben Sie sich und der anderen Person, Fehler gemacht zu haben. Verzeihen Sie sich und der anderen Person die Unfähigkeit, sich besser verhalten zu haben.

Wenn Sie nun in der Lage sind, Ihre negativen Vorstellungen von dieser Person hinter sich zu lassen, sagen Sie: „Ich verzeihe dir, daß du anders bist, als ich dich gern gehabt hätte." Stellen Sie sich vor, daß Sie unter einem Wasserfall oder unter der Dusche stehen, wo alles Unangenehme, das Sie mit dieser Person verbinden, abgewaschen wird. (Sie können den Streß natürlich auch auf andere Art loslassen.) Atmen Sie tief ein und aus.

Spüren Sie, daß sich etwas verändert hat? Vielleicht fühlen Sie sich erleichtert oder befreit. Es ist gut möglich, daß Sie die Übung einmal oder auch mehrmals wiederholen müssen, bis Sie das Gefühl haben, endgültig loslassen zu können.

Wenn Sie möchten, können Sie sich die Person beziehungsweise das, was Sie mit ihr erlebt haben, noch einmal positiv vorstellen, also so, wie Sie sie gern gehabt hätten. Vielleicht hatten Sie mit dieser Person auch schöne und angenehme Erlebnisse, die Sie in Ihre Vorstellung einbringen können. Verändern Sie die Person und alles, was Sie mit ihr erlebt haben, ganz wie Sie es möchten, und schalten Sie Ihren kontrollierenden Verstand aus, wenn er Einwände vorbringt. Berühren Sie dabei Stirn und Hinterhaupt mit beiden Händen.

Vergangene Ereignisse in unserer Vorstellung zu verändern, bedeutet nicht, daß wir uns selbst etwas vormachen sollen. Aber die Vergangenheit ist vorbei, und es ist unmöglich, sie zu verändern, außer in unserer Erinnerung. Es bringt uns nicht weiter, wenn wir uns immer wieder damit herumquälen. Statt dessen sollten wir alte negative Erfahrungen aus dem Ordner „Streßauslöser" nehmen und sie unter „erledigt" ablegen.

Übungen für jeden Tag

Während Sie diese Übungen machen, sprechen Sie das betreffende Denkmuster laut oder leise vor sich hin (notfalls genügt es auch, daran zu denken). Wenn Sie das Ganze noch intensivieren möchten, machen Sie Übung 1 und lassen dabei Ihre Augen langsam kreisen, einmal links herum und einmal rechts herum. Dann wechseln Sie die Hände und lassen die Augen nochmals langsam erst links und dann rechts herum kreisen. Dadurch wird das Gesprochene besser verinnerlicht.

Stimulieren der Neuro-lymphatischen Punkte

Massieren Sie alle neuro-lymphatischen Punkte, während Sie das positive Denkmuster vor sich hinsprechen.

180

Farbbalance, Emotionsbalance

Führen Sie eine der beiden (oder beide) Balancen durch, während Sie
sich gedanklich mit dem Denkmuster beschäftigen. Sicherlich ist es in-
teressant herauszufinden, welches Element beziehungsweise welche
Farbe oder Emotion von dem Denkmuster beeinträchtigt wird. Dies
muß übrigens nicht das Element sein, welchem das Denkmuster zugeordnet ist. Es können auch andere Elemente davon betroffen sein.

PSYCHOLOGISCHE UMKEHR

Sie haben das Gefühl, daß sich sowieso nichts ändern wird, was und
wieviel auch immer Sie tun? Dann versuchen Sie es mit der psycholo-
gischen Umkehr: Fahren Sie mit zwei Fingern Ihrer rechten Hand über
die Außenkante Ihrer linken Hand. Unter dem Grundgelenk Ihres kleinen Fingers können Sie eine kleine Kuhle ertasten. Klopfen Sie diese
Stelle, während Sie sagen: „Obwohl ich glaube, daß ich unfähig bin,
mich zu verändern, liebe, akzeptiere und respektiere ich mich von
ganzem Herzen und vergebe mir." Wiederholen Sie diese Aussage
zwei- bis dreimal und klopfen Sie anschließend die besagte Stelle an
Ihrer anderen Hand, während Sie den Satz drei- bis viermal ausspre-
chen. Anschließend können Sie sicherlich erfolgreich mit dem positiven Denkmuster arbeiten.

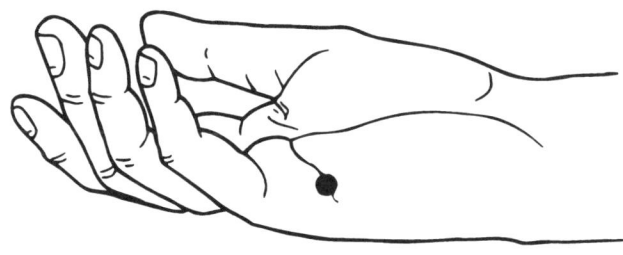

EINSATZ DER MERIDIAN-UHR

Im Laufe eines Tages von 24 Stunden arbeitet jeder Meridian zwei Stunden lang besonders intensiv. Wenn wir oft zur selben Zeit müde werden, nachts aufwachen, Schmerzen haben oder uns sonst irgendwie unwohl fühlen, kann das daran liegen, daß die Energie in dem zu dieser Zeit aktiven Meridian gestört ist. Dann überprüfen wir zunächst anhand der Meridian-Uhr (Seite 144), welcher Meridian das gerade ist.

Wenn wir den Meridian gefunden haben, stärken wir ihn entweder über die entsprechenden neuro-lymphatischen Punkte oder fahren ihn mit den Händen in seiner Verlaufsrichtung ab. Um herauszufinden, ob den Beschwerden emotionale Ursachen zugrunde liegen, können wir Stirn und Hinterkopf mit beiden Händen berühren.

Sollte das nicht den gewünschten Erfolg haben, müssen wir möglicherweise den zur Zeit passivsten Meridian aktivieren. Wir schauen also nochmals auf die Meridian-Uhr und suchen den gegenüberliegenden Meridian, um diesen ebenfalls anzuregen. Bitte beachten Sie, daß die Uhr auf Winterzeit eingestellt ist. Wenn die Sommerzeit gilt, müssen Sie also eine Stunde hinzufügen.

Beispiel: Sie wachen nachts oft um 2.00 Uhr auf und können nicht wieder einschlafen. Ein Blick auf die Meridian-Uhr zeigt, daß jetzt der Leber-Meridian aktiv ist. Stärken Sie ihn mit Ihrer bevorzugten Methode. Wenn Sie daraufhin nicht gleich wieder einschlafen, stimulieren Sie auch noch den Dünndarm-Meridian, der dem Leber-Meridian genau gegenüberliegt.

Bei immer wieder auftauchenden, chronischen oder hartnäckigen Symptomen (z.B. Magenproblemen, Verdauungsbeschwerden) können Sie die Stärkungspunkte des entsprechenden Meridians vorsorglich stets zu seiner Maximalzeit aktivieren.

Nach einem längeren Flug aus einer anderen Zeitzone kommt es oft vor, daß der Körper einige Tage braucht, um seinen Schlafrhythmus wieder zu finden. Manche Menschen leiden regelrecht unter diesem als Jet-lag bekannten Phänomen. Um die Umstellung auf die „neue"

Zeit zu beschleunigen, können wir uns ebenfalls der Meridian-Uhr bedienen.

Beispiel: Sie sind um 16.40 Uhr Ortszeit aus Chicago abgeflogen. Der aktive Meridian war der Blasen-Meridian. Aktivieren Sie diesen. Als nächstes kommt der Nieren-Meridian an die Reihe, dann der Perikard-Meridian u.s.w. Am Ende steht der Dünndarm-Meridian. Regen Sie den Energiefluß entweder direkt nach dem Flug oder vor dem Einschlafen an. Hilfreich ist es auch, während des Fluges und danach viel Wasser zu trinken und die Übungen für jeden Tag zu machen.

SPAZIERGANG AUF DEM MERIDIAN

(ZUR SCHMERZBEHANDLUNG)

Diese Technik können Sie bei lokalisierbaren Schmerzen sowie bei Prellungen oder Verletzungen einsetzen.

Wenn Sie den Schmerz auf einer Skala von 1 (kaum spürbar) bis 10 (schwer auszuhalten) einordnen sollten, wo läge er?

Gleichen Sie Ihren Energiefluß aus, indem Sie entweder alle neuro-lymphatischen Punkte massieren, alle neuro-vaskulären Punkte berühren, die Anfangs- und Endpunkte der Meridiane halten oder die Meridiane „bürsten". Tun Sie dies in folgender Reihenfolge: zuerst das Zentral- und Gouverneursgefäß, dann nach der Meridian-Uhr, beginnend mit dem Magen-Meridian und endend mit dem Dickdarm-Meridian.

Wo liegt Ihr Schmerz auf der Skala von 1 bis 10 jetzt? Spüren Sie bereits eine Verbesserung?

Identifizieren Sie den betroffenen Meridian oder finden Sie heraus, welcher Meridian der schmerzenden Stelle am nächsten liegt. Drücken Sie mit dem linken Zeige- und Mittelfinger (wenn Sie Rechtshänder sind, sonst nehmen Sie den rechten Zeige- und Mittelfinger) leicht auf die schmerzende Stelle. Liegt diese Stelle näher am Anfangspunkt des Meridians oder näher an seinem Endpunkt? Beginnen Sie an dem Punkt, der näher an der schmerzenden Stelle liegt, und fahren Sie den Meridian mit dem Zeigefinger der anderen Hand langsam und mit leichtem Druck in Richtung Schmerz ab. Wann immer Sie an eine Stelle kommen, die sich schmerzhaft anfühlt, massieren Sie diese, bis der Schmerz vergeht. Arbeiten Sie sich in Richtung des Ausgangsschmerzes vor. Dann wiederholen Sie dasselbe, indem Sie an dem Punkt beginnen, der weiter von der schmerzenden Stelle entfernt ist. Beispiel: Sie haben sich den Oberschenkel an der Außenseite, einige Zentimeter oberhalb des Kniegelenks gestoßen. Der am nächsten liegende Meridian ist der Gallenblasen-Meridian, dessen Endpunkt sich näher an der schmerzenden Stelle befindet. Während Sie die schmerzende Stelle berühren, fahren Sie nun, ausgehend vom 4. Zeh, den Meridian entlang nach oben. Wenn Sie bei der schmerzenden Stelle angekommen sind, arbeiten Sie sich vom Anfangspunkt des Meridians aus in Richtung Verletzung vor. Nun sollte der Schmerz verschwunden sein oder sich zumindest verringert haben.

Wenn zwei Meridiane infrage kommen und Sie sind sich nicht ganz sicher, welcher der richtige ist, „bearbeiten" sie einen davon. Wenn sich der Schmerz nicht verringert oder verschwindet, aktivieren sie den anderen Merdian auch noch.

Wichtig: Auch wenn der Schmerz durch diese Behandlung nachläßt oder sogar ganz verschwindet, ist die Schmerzursache damit nicht behoben und muß entsprechend behandelt werden, besonders wenn es sich um eine größere Verletzung oder beispielsweise um Zahnschmerzen handelt.

FARBBALANCE NACH DER FÜNF ELEMENTE-LEHRE

Wie Sie bereits erfahren haben, ist jedem Element eine Farbe zugeordnet:

Rot	Feuer
Gelb	Erde
Weiß	Metall
Blau	Wasser
Grün	Holz

Eine besondere Vorliebe für oder eine Abneigung gegen eine oder mehrere dieser Farben kann auf ein Ungleichgewicht in dem zugehörigen Element beziehungsweise in den entsprechenden Meridianen hinweisen. Auf der unbewußten Ebene bringen wir vielleicht unangenehme Ereignisse oder Personen aus der Vergangenheit mit einer bestimmten Farbe in Verbindung.

Es ist auch möglich, über den kinesiologischen Selbsttest herauszufinden, welche Farbe negativen Streß in unserem Körper erzeugt. Benutzen Sie dazu den Selbsttest mit dem ganzen Körper. Vergessen Sie nicht, zunächst die Übungen für jeden Tag zu machen und ein großes Glas Wasser zu trinken. Machen Sie zuerst den „Vor"-Test, indem Sie an etwas Positives denken und sich merken, wohin sich Ihr Körper bewegt (nach vorn, nach hinten, zur Seite). Anschließend denken Sie an etwas Unangenehmes und merken sich Ihre Reaktion darauf. Nun haben Sie einen Indikator, um zu erkennen, welche Farbe von Ihnen „abgelehnt" wird.

Beginnen Sie mit dem Sheng(Ernährungs)-Zyklus, also mit dem Element Feuer. Schauen Sie auf die rote Farbe und nehmen Sie frei von jeder Erwartung wahr, wohin Ihr Körper sich bewegt. In die gleiche Richtung, wie bei der positiven Vorstellung? Dann können Sie sich der Farbe Gelb zuwenden. Hat sich Ihr Körper in dieselbe Richtung bewegt wie bei dem Gedanken an etwas Unangenehmes? Dann berühren Sie mit einer Hand Ihre Stirn und mit der anderen den Hinterkopf

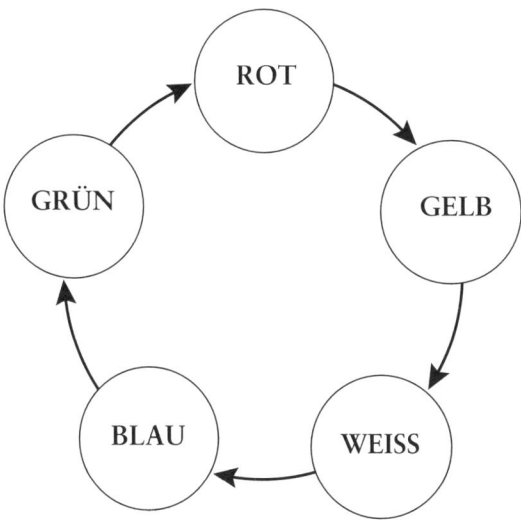

Sheng-Zyklus

und betrachten die Farbe. Vielleicht fällt Ihnen irgendeine Begebenheit ein, die Sie damit in Verbindung bringen. (Es ist allerdings nicht unbedingt erforderlich, daß Sie sich an etwas erinnern. Die Korrektur wirkt auch so.) Schauen Sie so lange auf die Farbe, bis Sie das Gefühl haben, daß es genug ist.

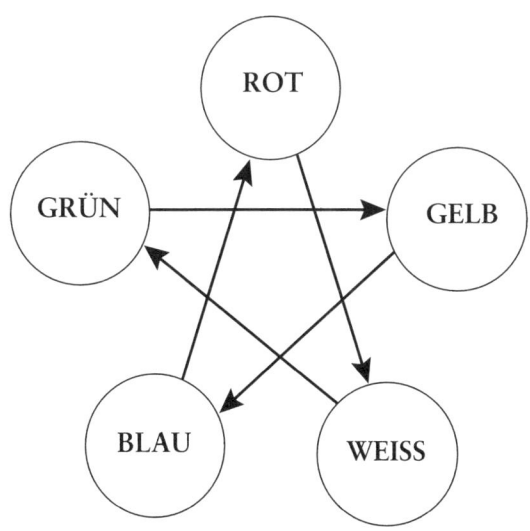

Ko-Zyklus

187

Während Sie weiterhin auf die Farbe schauen, testen Sie nochmals nach. Wenn sich Ihr Körper jetzt in die gleiche Richtung bewegt wie beim Gedanken an etwas Positives, gehen Sie weiter zur Farbe Gelb. Wenn nicht, legen Sie die Hände noch einmal auf Stirn und Hinterkopf, während Sie die Farbe Rot betrachten.

Verfahren Sie in gleicher Weise mit allen Farben und Elementen. Nach Gelb kommt Weiß, dann Blau, anschließend Grün und zum Schluß noch einmal Rot. Immer, wenn Ihr Körper beim Testen mit Streß reagiert, halten Sie sich Stirn und Hinterkopf, während Sie die entsprechende Farbe betrachten.

Nachdem Sie den Sheng-Zyklus durchlaufen haben, wiederholen Sie die Tests im Ko(Kontroll)-Zyklus. Sie beginnen wieder mit Rot, dann kommt Weiß, als nächstes Grün, anschließend Gelb, dann Blau und zum Schluß wieder Rot. Auch hier legen Sie jedesmal, wenn Sie von Ihrem Körper eine Streßantwort bekommen, die Hände auf Stirn und Hinterkopf, während Sie auf die zu testende Farbe schauen.

Dies ist eine schnelle und sehr wirksame Methode, um die Energie innerhalb des Meridian-Systems in einen ausgeglichenen Fluß zu bringen.

EMOTIONSBALANCE NACH DER FÜNF ELEMENTE-LEHRE

Um Gefühle schnell und effektiv ins Gleichgewicht zu bringen, wenden wir die Emotionsbalance an. Wir arbeiten mit den Grundgefühlen aus der Fünf Elemente-Lehre. Alle anderen Gefühle sind Mischformen, die sich aus diesen fünf Grundgefühlen ergeben.

Freude   Feuer
Schwermut   Erde
Kummer/Trauer   Metall
Angst   Wasser
Ärger/Wut   Holz

Finden Sie mit dem kinesiologischen Selbsttest heraus, welche Emotion(en) negativen Streß in Ihrem Körper erzeugt (erzeugen). Benutzen Sie dazu einen der beiden Selbsttests. Vergessen Sie nicht, zunächst die Übungen für jeden Tag zu machen und ein großes Glas Wasser zu trinken. Machen Sie zuerst den „Vor"-Test, indem Sie an etwas Positives und anschließend an etwas Negatives denken und sich merken, wie Ihre Reaktionen darauf sind. Damit haben Sie einen Indikator für Ihre unbewußte Einstellung zu den fünf Grundgefühlen.

Beginnen Sie mit dem Sheng(Ernährungs)-Zyklus, also mit dem Element Feuer. Rufen Sie, so gut es Ihnen möglich ist, die Emotion Freude in sich hervor. Denken Sie an eine Situation, in der Sie besonders viel Freude empfunden haben, oder stellen Sie sich eine Person vor, die ihre Freude gut zum Ausdruck bringen kann. Nehmen Sie frei von jeder Erwartung wahr, wohin Ihr Körper sich bewegt. In die gleiche Richtung, wie bei der positiven Vorstellung? Dann können Sie sich dem Element Erde und der Emotion Schwermut zuwenden.

Hat sich Ihr Körper in dieselbe Richtung bewegt wie bei dem Gedanken an etwas Negatives? Dann legen Sie eine Hand auf die Stirn und die andere auf den Hinterkopf und fühlen in sich hinein. Fällt es Ihnen leicht, Freude zu empfinden, oder glauben Sie, daß Ihnen

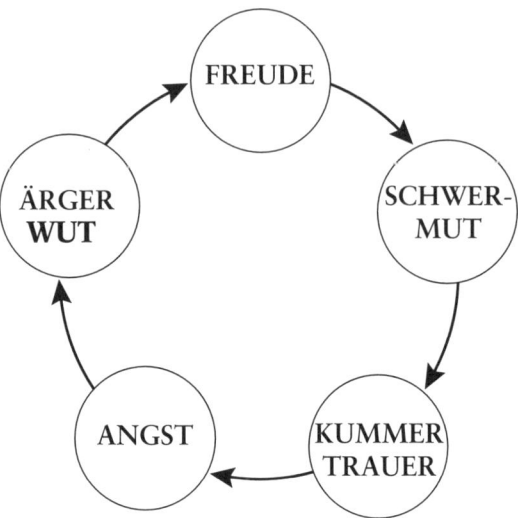

Sheng-Zyklus

das nicht zusteht? Vielleicht haben Sie im Zusammenhang mit Freude schlechte Erfahrungen gemacht. Haben Sie negative Glaubenssätze in bezug auf Freude, zum Beispiel „Ich freue mich lieber nicht so sehr, sonst kriege ich wieder eins auf den Deckel"?

Wenn Sie gauben, daß Sie den mit diesem Gefühl verbundenen Streß abgebaut haben, testen Sie noch einmal nach, während Sie gedanklich immer noch bei der Freude sind. Wenn sich Ihr Körper jetzt in dieselbe Richtung bewegt wie beim Gedanken an etwas Positives, gehen Sie weiter zur Emotion Schwermut. Ansonsten legen Sie noch einmal die Hände auf Stirn und Hinterkopf, während Sie sich weiter mit der Emotion Freude auseinandersetzen.

Verfahren Sie in gleicher Weise mit allen Emotionen. Nach Schwermut kommt Kummer/Trauer, dann Angst, anschließend Ärger/Wut und zum Schluß noch einmal Freude.

Immer, wenn Ihr Körper beim Testen mit Streß reagiert, halten Sie sich Stirn und Hinterkopf, während Sie sich so intensiv wie möglich in das entsprechende Gefühl hineinversetzen. Fragen Sie sich, was dieses Gefühl mit Ihnen zu tun hat. Verdrängen Sie es oder leben Sie es zu stark?

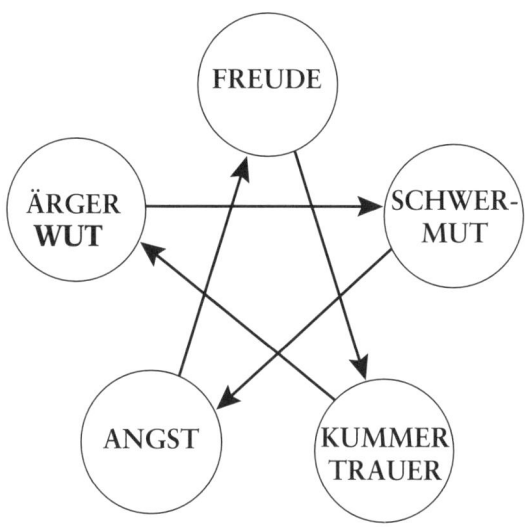

Ko-Zyklus

Nachdem Sie den Sheng-Zyklus durchlaufen haben, wiederholen Sie die Tests im Ko(Kontroll)-Zyklus. Sie beginnen mit der Emotion Freude, dann kommt Kummer/Trauer, als nächstes Ärger/Wut, anschließend Schwermut, dann Angst und zum Schluß wieder Freude. Auch hier legen Sie jedesmal, wenn Sie von Ihrem Körper eine Streßantwort bekommen, die Hände auf Stirn und Hinterkopf, während Sie das betreffende Gefühl hervorrufen.

AUSSCHEIDEN
SCHÄDLICHER STOFFE

Wenn Sie Nahrungsmittel gegessen haben, die Ihnen nicht guttun (Allergie, Unverträglichkeit), wenn Sie wegen einer Krankheit starke Medikamente einnehmen mußten oder wenn Ihnen aufgrund einer Operation Narkosemittel verabreicht wurden, helfen Sie sich selbst, indem Sie bestimmte Punkte auf den Meridianen klopfen, damit die schädlichen Stoffe schnell wieder aus dem Körper ausgeschieden werden können.

Sie klopfen die Anfangs- und Endpunkte der Meridiane jeweils 30 bis 40 Sekunden lang in dieser Reihenfolge: Niere/Blase/Magen/Milz-Pankreas. Geklopft wird sanft mit zwei Fingern, und zwar zuerst der Anfangspunkt und der Endpunkt eines Meridians auf der einen und dann der Anfangspunkt und der Endpunkt des gleichen Meridians auf der anderen Körperseite.

Nieren-Meridian
Anfangspunkt des Meridians: in der Mitte unter den Fußballen
Endpunkt des Meridians: unterhalb des Schlüsselbeins, in zwei
    Kuhlen rechts und links vom Brustbein

Blasen-Meridian
Anfangspunkt des Meridians: im Winkel zwischen Nasenwurzel
    und Augenhöhle
Endpunkt des Meridians: äußere Nagelfalzwinkel (vom Körper weg)
    der kleinen Zehen

Magen-Meridian
Anfangspunkt des Meridians: auf den Wangenknochen unterhalb
    der Augenmitte
Endpunkt des Meridians: äußere (vom Körper weg) Nagelfalzwinkel
    der zweiten Zehen

192

Milz-Pankreas-Meridian

Anfangspunkt des Meridians: innere (zur Körpermitte hin)
  Nagelfalzwinkel der großen Zehen

Endpunkt des Meridians: links und rechts seitlich am Brustkorb –
  eine Handbreit unter der Achsel (Stelle ist meist schmerzhaft)

Setzen Sie den kinesiologischen Selbsttest ein, um herauszufinden, wie
oft (einmal oder mehrmals am Tag) und wie lange (einen Tag, zwei
Tage, drei Tage) Sie die Meridian-Punkte klopfen sollten.

SCHLUSSWORT

Unsere Reise durch das Meridiansystem ist nun (vorläufig) zu Ende. Es war ein relativ kurzer Ausflug gemessen an der Fülle des Stoffes. Wir erheben auch nicht den Anspruch, das Thema erschöpfend behandelt zu haben. Dennoch hoffen wir, daß etwas von der Begeisterung, die es in uns ausgelöst hat, auf Sie übergegangen ist und bewirkt hat, daß Ihnen gewisse Zusammenhänge deutlicher geworden sind. Vielleicht werden Sie der chinesischen Medizin in Zukunft mit größerem Interesse und mehr Verständnis begegnen.

Wenn Sie sich eingehender mit den in diesem Buch angesprochenen Methoden beschäftigen möchten, finden Sie in der Literaturliste auf Seite 195 eine (kleine) Auswahl von Büchern. Die Verbände und Schulen für Traditionelle Chinesische Medizin, deren Adressen ab Seite 197 aufgelistet sind, informieren über Ausbildungen und vermitteln Ärzte und Heilpraktiker mit speziellen Kenntnissen in chinesischer Medizin.

Sollten Sie Fragen zu diesem Buch haben oder daran interessiert sein, das Gelesene in einem Seminar zu vertiefen, können Sie sich über folgende Adresse direkt mit uns in Verbindung setzen:

Francoise Guillot
Kopernikusstr. 52
68165 Mannheim
Fax 0621 7026599

LITERATUR

Aihara, Cornellia: *Die hohe Kunst des makrobiotischen Kochens – Ryori-Do*, Mahajiva, Holthausen ü. Münster 1992/3

Baureis, Helga: *Women's Power Pack*, Aurum Verlag, Braunschweig 1997

Belleme, John und Jan: *Schätze der japanischen Naturküche*, Edition Lebenszeichen, Großhart 1992

Bradford, Peter und Montse: *Das makrobiotische Algen-Kochbuch*, Mahajiva, Münster 1987

Chia, Mantak und Li, Juan: *Tao Yoga – Inneres Tai Chi*, Ansata Verlag, München 1997

Colgrave, Sukie: *Yin und Yang*, Fischer Verlag, Frankfurt/Main 1996

Connelly, Dianne: *Traditionelle Akupunktur: Das Gesetz der 5 Elemente*, Verlag Bruno Endrich , Heidelberg 1995

Eckert, Achim: *Das heilende Tao*, Verlag Hermann Bauer, Freiburg 1996

Eyssalet, Jean Marc: *Les cinq chemins du clair et de l'obscur,* Edition Tredaniel, Paris 1988

Finckh, Elisabeth: *Der tibetische Medizin-Baum,* Medizinisch literarische Verlagsgesellschaft, Uelzen 1990

Frank, Kai-Uwe: *Altchinesische Heilungswege*, W. Jopp Verlag, Wiesbaden1991

Hempen, Engelhardt: *Chinesische Diätetik*, Verlag Urban & Schwarzenberg, München 1997

Höting, Hans: *Die sechs heiligen Laute*, Verlag Hermann Bauer, Freiburg 1988

Jarmey, Chris und Mojay, Gabriel: *Das große Shiatsu Handbuch*, O.W. Barth Verlag, München 1995

Kaptchuk, Ted J.: *Das große Buch der chinesischen Medizin*, O.W. Barth Verlag, München 1993

Kushi, Aveline mit Alex Jack: *Aveline Kushis großes Buch der makrobiotischen Küche*, Verlag Ost-West Bund, Völklingen 1987

Kushi, Aveline: *Mit Miso kochen*, Pala Verlag, Frankfurt / Main 1986

Kushi, Mishio (herausgegeben von Dr. med. Marc van Cauwenberghe): *Die makrobiotische Hausapotheke*, Verlag Ost-West Bund, Fulda 1985

Lu, Henry C.: *Chinese herbal cures*, Sterling Publishing, New York 1991

Masunaga, Dr. S. und Ohashi, Dr. W.: *Das große Buch der Heilung durch Shiatsu*, O.W. Barth Verlag, München 1985

Rappenecker, Wilfried: *Fünf Elemente und zwölf Meridiane*, Felicitas Hübner Verlag, Waldeck 1996

Ross, Dr. Frank: *Geheimnisse ayurvedischer Akupunktur*, Windpferd Verlag, Aitrang 1995

Temelie, Barbara und Trebuth, Beatrice: *Das Fünf Elemente Kochbuch*, Joy Verlag, Sulzberg 1993

Thie, John F.: *Gesund durch Berühren/Touch for Health*, Sphinx Verlag, Basel 1994 (10. Aufl.)

Williams, Tom: *Was das Qi zum Fließen bringt*, Aurum Verlag, Braunschweig 1996

ADRESSEN

Arbeitsgemeinschaft für klassische Akupunktur und TCM e.V.
Sekretariat: Hans-Dirk Struve
Ostendstraße 99
90482 Nürnberg
Tel. 0911 / 5 04 74 73 (Mo-Fr 10.00 – 14.00h)
Fax 0911 / 54 24 94

Ausbildungszentrum Mitte für TCM und Akupunktur
Frankfurter Straße 59-61
63065 Offenbach

Deutsche Akademie für Akupunktur und Aurikulomedizin e.V.
Feinhalsstraße 8
81247 München
Tel. 089 / 8 91 53 10
Fax 089 / 8 91 53 11

Institut für chinesische Medizin
Hernerstraße 299
44809 Bochum
Tel. 0234 / 9 53 66 30
Fax 0234 / 53 85 07
Internet: www.chinesische medizin.com

Meridian Zentrum für Traditionelle Chinesische
Medizin und CHI-Hotel
Blauenstraße 15
79410 Badenweiler
Tel. 07632 / 753-0
Fax 07632 / 753-444
Internet: www.chinesische-heilmedizin.de

Schule für TCM
c/o TCM-Klinik Kötzting
Ludwigstraße 2
93444 Kötzting
Tel. 09941 / 60 90
Fax 09941 / 60 94 99

Med Chin
Österreichische Gesellschaft für chinesische Gesundheitspflege
Weimarerstraße 41
A-1180 Wien

Österreichische Gesellschaft für traditionelle chin. Medizin
(ÖGTCM)
Wickenburgg 4/1
A-1080 Wien

Großhandel für Arzneimittel der TCM:
Fa. Plantasia
Mag. pharm. et phil. Erich Stöger
Brückenstraße 7
A-5110 Oberndorf b. Salzburg
Tel. und Fax: 0043 (0)6272 / 69 09

Spezielle Nahrungsmittel und Kräuter:
Deshima Fresh Shop
Weteringsschans 69
NL-1017 AX Amsterdam
Tel. 0031 (0) 20 / 4 23 03 91
Fax 0031 (0) 20 / 6 22 73 20